Cómo recuperar a tu pareja

Guía práctica para reconquistar a tu ex

Alicia García

Copyright © 2015 Alicia García

Copyright © 2015 Editorial Imagen.
Córdoba, Argentina

Editorialimagen.com
All rights reserved.

Edición Corregida y Revisada, Julio 2015

Todos los derechos reservados. Ninguna parte de este libro puede ser reproducida por cualquier medio (incluido electrónico, mecánico u otro, como ser fotocopia, grabación o cualquier sistema de almacenamiento o reproducción de información) sin el permiso escrito del autor, a excepción de porciones breves citadas con fines de revisión.

CATEGORÍA: Autoayuda/Relaciones Amorosas

Impreso en los Estados Unidos de América

ISBN-13:
ISBN-10:

ÍNDICE

ÍNDICE iii
Prólogo 1
Introducción 5
1 Relaciones Destrozadas 9
2 Por qué estás aquí 17
    Tú y tu Ex 20
    Romper es algo difícil de hacer 25
3 Algunas indicaciones sobre qué hacer y qué no 29
    Regulariza tu situación 30
    Actúa normalmente 31
    Mantén tu dignidad 32
    Mantén una sonrisa en tu rostro 33
    Haz lo inesperado 34
    Prueba con estas dos pequeñas palabras: Lo siento 35
    No cometas el mismo error dos veces 37
    No actúes como un bastardo 38
    No seas pesado 39
    Sé flexible 40
    Sal con tus amigos y respira algo de aire fresco 41
    No te conviertas en el ex del infierno 43
    No supliques: es penoso 43
    Evita hacer preguntas 44
    No juegues al juego de la culpa 45
    En cuanto al sexo 45
    Sé honesto 46
4 Es la hora de la verdad 53

La verdad sobre la venganza 56
¿Quién dejó a quien? 57
Pasos prácticos para fortalecerte 60
No te desanimes 66
Pelea por lo que quieres 69
Ten paciencia – podría llevar un tiempo 72

5 Lo que quieres hacer, y lo que deberías hacer 75

No te conviertas en un acechador 79
No cedas ante la tentación de recriminar 80
No te quejes, no divagues ni protestes 81
No hagas jugadas agresivas 82
No te conviertas en un felpudo 83
No contactes a la familia de tu ex para averiguar cosas sobre él/ella 84
No coquetees con los/las amigos/as de tu ex 85
No sigas el ejemplo de "Ross" 87

6 Lo que puedes hacer para volver con tu ex 89

Sé tu mismo 93
Dale a tu ex algo de espacio para respirar 95
Cierra la boca 97
El orgullo tiene su lugar – aprende a saber cuál es 99
Súplica elegante 102
Trata de estar alegre 103
Mantén las cosas en un tono amistoso 105
Recuerda los momentos felices, si existieron 106
Haz que tu ex se sienta especial 108
Usa todo lo que tienes para recuperar a tu ex 110
Los celos pueden funcionar – a veces 112
Vuelve a empezar, desde el principio 115
Y si todo lo demás falla, prueba con la humilde honestidad 116

Prueba con un consejero de parejas 117

7 El sexo, ¿usarlo o no?... 121

Cuándo usar el sexo... 123

8 Aprende a dejar ir 129

9 Lo que sucede cuando finalmente vuelves a juntarte con tu ex 133

En conclusión.. 137

Libro gratis... 139

Más libros de interés 143

Prólogo

Si estás leyendo este libro, hay una buena posibilidad de que no lo estés haciendo simplemente porque estás aburrido o porque quieres prepararte para alguna situación en el futuro donde puedas llegar a necesitar las sugerencias que el mismo ofrece.

Si estás leyendo esto ahora, probablemente te encuentres en una de las encrucijadas de tu vida. Ha terminado la relación con tu pareja/amante/media naranja (llámala como quieras), y finalmente haz conseguido procesar las cosas de tal manera que te has dado cuenta de que en realidad quieres a esa persona de vuelta en tu vida.

Todo el mundo tiene el mismo consejo: simplemente olvídalo y sigue adelante con tu vida, pero la realidad es que no siempre es tan fácil, ¿verdad?

Seguramente estás aquí porque quieres luchar por la relación. A veces sientes en lo profundo de tu corazón que si tan sólo pudieras tener otra oportunidad con tu ex, las cosas serían bien diferentes. Existen ocasiones en que simplemente no puedes cerrar ese capítulo de tu vida a menos que tengas otra oportunidad.

Si crees que este es uno de esos momentos, entonces estás en el lugar correcto. Este libro te dará el conocimiento que necesitas para volver a estar al lado de tu ex y mantener esa relación saludable y vigorosa.

Con la información de estas páginas aprenderás lo que debes hacer en esos primeros días después de romper con tu ex. Descubrirás cómo lograr que tu ex te extrañe lo suficiente como para intentar ponerse en contacto contigo nuevamente.

Además aprenderás a tomar el control de tu situación y cambiar el equilibrio de poder a tu favor, como así también cómo hacer para volver a establecer la comunicación con tu ex pareja.

En este libro descubrirás cómo volver con tu ex sin perder tu cabeza ni tu dignidad en el intento.

Además encontrarás información y ejemplos reales de personas que vivieron situaciones similares, lo cual te permitirá conseguir esa oportunidad que tanto necesitas para hacer las cosas bien.

Descubrirás las dos pequeñas palabras que casi nadie que rompe con su pareja dice, pero que tienen el potencial de resolver todo. Analizaremos cómo utilizar tus emociones a tu favor y muchas otras cosas más que te servirán como herramientas para lograr el objetivo que te has propuesto.

Lo primero que deseo poner en claro es que debes pelear por lo que quieres. Si tú no investigas y sales a luchar por lo que más quieres, entonces nadie podrá hacerlo por ti. Es sólo cuando decides ponerte manos a la obra y luchar por lo que deseas que puedes incluso mover montañas.

Para ayudarte en esta tarea, además de lo expuesto aquí me gustaría obsequiarte un libro complementario totalmente gratis, en el cual encontrarás la orientación necesaria e ideas prácticas para tratar de componer la maltratada situación amorosa con tu pareja. Un experto en relaciones amorosas detalla lo que podría estar acabando con tu relación de pareja y los patrones de conductas inadecuados, sus consecuencias y secuelas en los conflictos de pareja.

También encontrarás un test de amor de pareja, lo cual te ayudará a reconocer lo bueno y lo malo, identificar fortalezas y debilidades de la relación. También encontrarás información sobre cómo sobrellevar el estrés y la frustración en tu relación y las 14 cosas que deberían dialogarse en pareja antes de decidir ventilarlas a terceros.

Este libro se pone interesante cuando detallas las prácticas desacertadas en el intento de reconquistar un amor, pero la mejor parte es el plan de reconquista, con el cual de seguro ganarás a tu pareja otra vez.

Ya sea que estés a punto de romper con tu pareja, sintiendo que la relación se te escapa de las manos, o si ya hace varios días que estás sin ella, necesitas una cosa: pelear por lo que quieres. Y tú eres perfectamente capaz de lograrlo. Tú puedes lograr el estar con tu ex otra vez, y yo te mostraré cómo hacerlo.

Introducción

Así que has terminado con tu pareja y ahora lo/la quieres de vuelta. Puede ser que recién hayan terminado, o que haya pasado algo de tiempo desde el rompimiento. Lo que importa no es cuando sucedió, sino lo que estás pensando hacer al respecto.

Ni siquiera importa si eres el que inició el rompimiento o no. A esta altura, nada importa, excepto el hecho de que has decidido recuperar a tu ex.

La razón de existir de este libro no es otra que el hecho de que yo sé exactamente por lo que estás pasando, y he estado en tu misma situación varias veces.

Habiendo seguido (sin éxito) el consejo de otras

personas acerca de lo que debía hacer con mis relaciones, finalmente decidí seguir a mi corazón y a lo que sentía en mi interior. Esto funcionó para mí, y ahora estoy en una relación estable, habiendo pasado tres años desde mi rompimiento, ¡y dos años antes de eso!

Mis métodos no van a funcionar para todos necesariamente, y de hecho, no todo el mundo debería volver a juntarse con su ex pareja. A veces las cosas suceden por una razón, y lo mismo se aplica a los rompimientos y las separaciones.

Escribí este libro sin creer que soy alguna clase de gurú, o una experta calificada en relaciones o algo por el estilo. Estoy realmente lejos de ser eso.

Lo único a mi favor es que mi relación se ha fortalecido mucho durante los últimos tiempos, y creo que esto es debido a que he seguido algunos principios básicos, comenzando a hacerlo tras romper con mi actual pareja – los cuales utilicé para ganarme a esa persona nuevamente.

Sin embargo, el motivo por el que escribí este libro es por la simple razón de que me lo pidió una buena amiga que desea mantenerse en el anonimato.

Esta amiga, habiéndome acompañado cuando rompí con mi pareja, y luego cuando volví con él, sabía por lo que había tenido que pasar, y también sabía lo que había hecho para hacer funcionar mi relación nuevamente.

En una época donde ella estaba atravesando algunos problemas personales con su propia relación (de considerable duración), mi amiga decidió probar algunas de las tácticas que yo había aplicado con tanto éxito, y le sirvieron mucho.

Entonces, aunque este libro haya comenzado como un medio para aplacar sus persistentes reclamos para que yo registrara todos estos métodos, ahora espero que sirva para ayudar a otros como nosotros, que hemos tenido problemas en nuestras relaciones, o que ya hemos pasado por el dolor de un rompimiento.

1

Relaciones Destrozadas

Me gustaría empezar esta sección con un caso de la vida real. Ésta es la historia de Florencia, una amiga a quien le pedí que compartiera su testimonio:

"Con mi pareja teníamos muchas ilusiones, ya que por fin y luego de siete años de convivencia nos estábamos haciendo una lindísima casa en uno de los tantos barrios populares de nuestra ciudad, pero unos meses antes de mudarnos él me dijo que ya no quería seguir conmigo, y que hacía ya dos meses que me estaba engañando. Fue muy duro para mí ese momento y los días posteriores, los cuales pude afrontar gracias a la ayuda de mis amigos y familiares.

Pasó el tiempo, lo asumí y al cabo de unos cuantos meses conocí al hombre más maravilloso que jamás hubiera podido siquiera imaginar. El único problema era que él vivía a casi dos horas de avión de donde yo vivo, pero la distancia no nos importaba, ya que él venía cada mes o yo iba para allá a visitarlo.

En estos dos años me dio todo lo que podía esperar de un hombre, era como estar viviendo un cuento de hadas. Y tal es así que mis amigas me decían que tenían una sana envidia, pues me veían muy feliz.

Mi madre me insistía para que me fuera a vivir con él a su país, pero por motivos laborales yo no lo quise hacer, así que él se vino aquí y estuvo buscando trabajo por varios meses, pero no consiguió absolutamente nada. Una semana antes de irse nuevamente de regreso puso el coche a mi nombre, ya que hacía muy poquito que él me había ayudado a sacar el carnet de conducir.

La cuestión es que este hombre se fue y un día me llamó para decirme que no se encontraba bien y que tenía que ir a hablar con una psicóloga. Luego de un par de días me comentó que la profesional le dijo que él no sería capaz de mantener una relación a tanta distancia, y que eso lo estaba destrozando por dentro. También le dijo que tenía que sentar cabeza y solo estar en un sitio, ya que él era bastante hiperactivo.

Para mi gran sorpresa, y en la última plática que tuve

con él, me dijo que nos teníamos que dejar de ver y conformarnos con ser amigos, y me recalcó que el tiempo lo diría todo. Yo acepté sus condiciones y estuvimos un mes llamándonos cada día, pero luego de ese tiempo cesaron sus llamadas. He intentado llamarle, pero él ya no me contesta ninguna llamada, no importa la hora del día.

Me siento humillada, desconsolada y muy traicionada, y es que no entiendo el porqué, y nunca me hubiera imaginado que alguien pudiera haberme hecho cosa semejante, ya que yo con mucho gusto lo hubiese dado todo por él, pero lo que más rabia me da es que nunca lo vi venir."

A veces no importa lo mucho que pongas en una relación; se rompe, y a veces ni siquiera importa si pensabas que tenías una relación estable o no, simplemente se termina. Hay varias razones por las que las relaciones se rompen, y a veces no es debido a algo que hagamos o dejemos de hacer; simplemente sucede.

A veces un rompimiento se empieza a gestar durante largo tiempo precisamente antes del final. Como cuando empieza la primavera y los largos trozos de hielo en el océano comienzan a mostrar grietas, a veces también podemos ver estos signos y presagios claramente en nuestra relación, que nos dicen que no todo va tan bien como querríamos.

Y a veces lo que parece ser un trozo fuerte y grande de hielo en la superficie, en realidad termina siendo hielo fino y hueco, y te encuentras a la deriva en el medio de esta hoja de hielo que se rompe más rápido incluso de lo que tú puedes escapar de ella. Este ejemplo es algo similar a lo que sucede en esas relaciones en donde el rompimiento sucede aparentemente de la nada, sin ninguna advertencia de que iba a ocurrir.

Todas las relaciones son así. Sin importar lo que pienses en el momento de enfrentar la situación, tendrás dificultades. No es una cuestión de "tal vez", sino de "cuándo", porque esto no es algo que puedas evitar.

Las personas son tan diferentes entre sí que a veces hace falta un rompimiento para que una pareja se pueda aceptar mutuamente, y para que se puedan aceptar las diferencias de cada uno.

A veces puedes conseguir rescatar tu relación de las profundidades de la desesperación antes de que sea demasiado tarde, pero demasiado a menudo nos distraemos tanto con nuestros pequeños mundos y con nuestras pequeñas vidas, que damos por hecho que nuestra relación va sobre ruedas.

En estos casos, salvo que los signos de un inminente rompimiento sean claramente visibles, probablemente serás tomado por sorpresa. Incluso esto no importa tanto como la manera en la que actúes cuando tu relación efectivamente se termine.

Entonces no importa si lo veías venir y sabías que tu relación estaba en la ruina, y tampoco importa si pensabas que estabas sobre tierra firme cuando de repente fuiste arrojado hacia el caos. Lo que importa es cómo te manejes ante esta situación.

Las relaciones son notablemente inestables, tal y como los botes pequeños. Las personas que están en el bote deben remar juntas para llegar a cualquier lado, y trabajar juntos para evitar que el bote se bambolee.

Únicamente un sólido y comprometido trabajo en equipo de parte de las personas involucradas permitirá que la relación vaya a cualquier lado. Eso, y el hecho de aceptar que cada uno es una persona individual y no una extensión de la otra, hará que la relación madure y prospere con el paso del tiempo.

Aprende a darle a la otra persona el respeto que merece, junto con el espacio para que sea quien realmente es. Lo que quiero decir es que dispongas algún momento para que tu pareja sea la persona por la que te sentiste atraído/a alguna vez, y te sorprenderás con los resultados.

Las relaciones pueden llegar a ser cosas difíciles de manejar, pero junto a tu pareja encontrarás que eres más fuerte y que si hay algo que necesita arreglarse, puede hacerse, incluso en aguas agitadas. Un buen ejemplo de esto es la pequeña historia a continuación.

No estoy exactamente seguro acerca de donde vi o leí esto, pero este relato trata acerca de una pareja que estaba teniendo problemas con su relación. Buscaron ayuda con un asesor, quien les asignó una tarea para completar, con el fin de ayudarlos a superar aquel momento difícil.

El asesor se los había dejado bien claro. Les dijo que compraran o alquilaran una bicicleta tándem (aquellas bicicletas en las que dos o más personas se pueden sentar en fila y pedalear juntas), y que pasaran al menos uno o dos días intentando andar en ella en su patio trasero.

Y cuando completaron esa tarea, el asesor les dijo que la llevaran fuera de la casa y que anduvieran alrededor de la manzana, o incluso por el parque, una o dos veces.

El resultado de esto fue que aunque al principio la pareja tenía problemas incluso para decidir quién se sentaba al frente o detrás, eventualmente fueron capaces de montar la bicicleta y dar la vuelta a la manzana más de una vez, sin tener ni una sola discusión y sin caerse ni una vez.

Este relato o ejemplo me gusta mucho, porque muestra exactamente lo que puedes lograr si en tu pareja trabajan juntos, y no uno en contra del otro. Si puedes andar en una bicicleta tándem con tu pareja sin caerte, habrás llegado a un acuerdo acerca de cómo hacer las cosas para no fallar tan a menudo.

2

Por qué estás aquí

Bueno, antes de empezar a profundizar en nuestros asuntos, me gustaría decirte algo: sé muy bien por lo que estás pasando, pues yo misma lo he vivido antes.

La razón por la que estás aquí es bastante simple; haz terminado con tu ex, y ahora quieres volver con él/ella, y harás lo que sea para conseguirlo. Antes de que siquiera te pongas en campaña para conseguirlo, debes estar absolutamente seguro de que esto es exactamente lo que quieres.

Si lo que deseas es venganza, te sugiero que busques en otra parte, porque yo no la apoyo de ninguna manera, sin importar cuál sea la provocación (ve a la sección:

"La Venganza no es como la pintan").

Sin embargo, si realmente quieres volver con tu ex, estarás feliz al saber que este libro está completamente dedicado a cumplir ese objetivo.

Prácticamente todo lo que hay en este libro proviene de mi experiencia personal, de romper y volver con parejas nuevamente, junto con algunos puntos de vista valiosos de mis amigos, quienes también han pasado por esta situación en su momento.

Entonces, lo primero que debes saber es que no estás solo. Esto le ocurre a casi todo el mundo al menos una vez en su relación, y no es algo de lo cual tengas que avergonzarte.

Acepta el hecho de que lo impensable acaba de ocurrir, y que ahora no te encuentras en una relación segura, estable y feliz. Cuando lo hagas, podrás pasar a atender los aspectos más importantes involucrados en intentar volver con tu ex.

Antes de que empieces te advierto, que esta no será una tarea sencilla. La emoción de conocerse por primera vez se ha esfumado ya hace tiempo, y ahora incluso estarán al tanto de las virtudes y defectos de cada uno.

Como te darás cuenta, esta puede ser un arma de doble filo, porque ahora tendrás que trabajar el doble para recuperar a tu ex.

Ahora bien, volvamos a la razón de por qué estás leyendo este libro: obviamente, "para recuperar a mi ex", te escucho decir.

Bueno, para cumplir con este objetivo, hay algunas cosas que necesitas hacer, las cuales he detallado o al menos mencionado dentro de las páginas de este libro.

Y lo primero y principal que debes hacer para completar este admirable objetivo, es determinar exactamente por qué lo/la quieres de vuelta.

¿Es porque todavía amas a tu ex? ¿O es simplemente porque no puedes hacer nada sin esa persona y tu vida no sería la misma sin ella? O tal vez es porque finalmente has encontrado a tu alma gemela y no quieres perder ese vínculo especial ahora que lo has creado.

Puede ser por una de esas razones, o puede ser por todas ellas e incluso más. Hay muchos motivos por los cuales las personas se juntan y se mantienen así, y sería verdaderamente imposible cubrirlos todos adecuadamente en un solo libro.

Lo que debes hacer primordialmente es, como dije antes, determinar por qué quieres volver con tu ex, y si realmente lo/la quieres de vuelta. Estas son dos preguntas muy importantes, y han sido tratadas en detalle en la sección titulada, "La hora de la verdad".

Sin este tipo de auto conocimiento probablemente estarás luchando una batalla perdida desde ambos frentes, el tuyo y el de tu ex.

Es para evitar esta dificultad que te he planteado esas preguntas; un par de preguntas que podrías no haberte hecho sin algo de auto cuestionamiento.

Tú y tu Ex

¿Estás listo para el momento en el que tengas que mirar a tu ex a la cara por primera vez desde que rompieron? ¿Estás listo para verla/o cada vez que salgas con tus amigos, vayas al cine o prácticamente a cualquier otro lugar?

¿Y qué sucederá si ambos están en el mismo círculo de amigos y familiares? ¿Qué ocurriría en esa situación? ¿Estás preparado para enfrentar todas estas cuestiones? ¿Estás preparado para enfrentarte al hecho de que tu pareja probablemente encuentre a una nueva persona que ocupe tu lugar, o el hecho de que tengas que evitar preguntas de otras personas bien intencionadas?

Esto es lo que tienes que preguntarte a ti mismo cuando finalmente surjas de ese capullo de sufrimiento/destrucción/introspección en el que te has metido tras tu rompimiento.

Pues bien, soy la primera persona en prevenirte de

enfundarte en un tapado de miseria y dolor durante semanas y semanas a causa de tu vida infeliz. Soy más adepto a la introspección concentrada o tal vez incluso una limpieza completa de pensamientos negativos de tu mente.

Pero el problema es que la mayoría de nosotros nos vemos atraídos hacia la miseria y el sufrimiento como las polillas son atraídas hacia el fuego, y nosotros no solamente nos sumergimos en ellas, sino que solemos envolvernos con esas tristezas como si fueran una de esas mantas coloridas de cuando éramos niños, las cuales no queremos abandonar.

Dejando de lado el hecho de que quieres que tu ex vuelva a tu lado, tus dudas, inseguridades y desesperación, hay algo que puedes hacer para hacer de tu vida al menos un poco más fácil. Desafortunadamente, para algunas personas esta puede ser la tarea más difícil de todas.

Si tu relación no terminó de una manera negativa (o en otras palabras, si tu relación terminó debido a las razones más comunes, como que se perdió el amor, la compatibilidad, o el compromiso por parte de uno de los dos), entonces existe la posibilidad de que tu rompimiento haya sido amistoso.

Y eso es algo bueno. Significa que incluso después de haber terminado, no hay precisamente sentimientos de rencor entre ambos.

Bueno, por supuesto que habrá algunos sentimientos negativos, después de todo han terminado, ¡pero hay una buena probabilidad de que puedes ir a hablar con tu ex y él/ella no te escupirá en la cara!

Si este es el caso, puedes intentar suavizar las cosas entre los dos. Esto puede ayudarte a manejar mejor la transición, especialmente si no te gusta tener que contestar las preguntas que todo el mundo te hace.

Pueden encontrarse para limar pequeños detalles y decidir acerca de cosas que ambos puedan manejar para que el asunto no les incomode en frente de todas esas personas que andan preguntando.

Esta clase de pequeños encuentros, si puedes manejarlos, te permitirán suavizar cualquier aspereza que alguno de los dos pueda estar sintiendo, y también le mostrará a tu ex que todavía existe algo en la relación después de todo.

Tómalo como tu período de recuperación, el período durante el cual ambos necesitarán mirar hacia atrás y revisar las cosas, con el fin de valorar la situación en la que se encontraban antes de romper. Si juegas correctamente tus cartas, incluso podrías usar esto como el primer paso para conseguir a tu ex de vuelta.

¿Quién sabe? Tal vez tu ex esté buscando lo mismo.

No importa quien dejó a quien, si han estado juntos el tiempo suficiente como para tener sentimientos el uno por el otro, puedes estar seguro de que esos sentimientos no se irán fácilmente sólo porque la relación ha terminado formalmente.

A veces hace falta que perdamos a alguien para que nos demos cuenta de lo valiosa que es esa persona para nosotros, y en algunos casos esto puede resultar ser una bendición disfrazada.

Si sientes que este puede ser el caso, si sientes que tu ex también está intentando ganarte de nuevo, y si tu encuentro "pacífico" inicial va bien, necesitas "cerrar el contrato" lo antes posible.

Una vez que la gente se entera de que hay otro infeliz en el mercado de los solteros, puedes apostar lo que sea a que habrá gente golpeando su puerta instantáneamente – en este caso, se estarán abriendo camino hacia la puerta de tu ex.

Si ambos quieren lo mismo, si ambos quieren volver a estar juntos, y si todavía se preocupan el uno por el otro, entonces reclama lo que es tuyo ahora, antes de que alguien más se te cuele y tu oportunidad perfecta se haya desvanecido para siempre.

La historia de Pedro puede explicarlo mejor. Mira lo que sucedió:

"Mi chica me dejó después de ocho años de relación de pareja y con una hermosa hija de siete años. Lo hizo por un tipo que conoció gracias a una "buen" amiga de la universidad. La cosa es que me estuvo engañando durante tres meses, y durante ese tiempo ella se mostraba claramente enojada, peleaba por todo, y mostraba distancia. La cuestión es que la descubrí, y entonces ella quiso separarse y poner fin a la relación de tanto tiempo. Así que un buen día tomó todas sus cosas y se fue a casa de su abuela, junto a mi hija.

La verdad es que en el mes que hemos estado separados yo sé que se ve con este tipo, el cual tiene seis años menos que ella. Me ha tocado sufrir mucho al ver cómo se desvanecen todos los planes de vida que teníamos juntos y el amor que existió algún día.

Es triste, y no dejé de llorar las dos primeras semanas, pero luego empecé a buscar razones del porqué de aquel engaño que ocasionó en que ya no estuviéramos juntos. En esos momentos a solas me di cuenta de que la rutina tuvo mucha culpa, tanto como el dejar de ser amantes, y el descuidarnos como pareja para volvernos padres, lo cual afectó mucho nuestra relación.

Hoy en día estamos hablando y buscando una manera de resolver las cosas, ya que su aventura con el otro hombre está llegando a su fin y ella se está dando cuenta que eso solo fue pasajero.

Todos los días, y con pequeños gestos, notas, poemas y demás, intento estar presente en su vida. Voy a recuperar su amor y derribar todas las barreras que nos separaron."

Romper es algo difícil de hacer

Nos ha sucedido a todos en algún punto de nuestras vidas. Estamos en una buena situación, tenemos una buena relación, y todo parece estar yendo sobre ruedas, cuando de repente y de la nada, ¡Bam! Eres golpeado por el rompimiento de tu relación.

¿Qué ha ido mal? ¿Has sido tú?, ¿algo que has hecho? ¿O ha sido otro hombre o mujer? Sea cual sea la razón, has quedado tambaleando tras tu rompimiento, pasando los días en ropa interior en un cuarto oscuro, escuchando canciones de amor de los 80.

Esta es la ocasión en la que deberías empezar a rearmarte a ti mismo, aunque sea parte por parte, por que si quieres a tu ex de vuelta, lo último que conseguirás con esta actitud es que él/ella te vea en tu estado actual de consternación, angustia y desesperación.

Además, también hay unas pocas cosas que no querrás hacer a la hora de intentar atraer a tu ex nuevamente hacia ti, pero ésta última bien podría ser la principal, en mi opinión.

Nada le asegurará tanto que hizo bien en romper contigo como el verte en un estado francamente patético.

Sí, sabemos que duele, la mayoría de nosotros hemos pasado por este mismo estado en el que te encuentras ahora. Pero tienes que entender que el tener el corazón roto y quebrado en un millón de pequeños pedazos no representa una excusa para que te conviertas en un vago inútil que sólo piensa en los días que han pasado.

Tómate tu tiempo para sanar estas heridas, y hazlo de la manera que consideres mejor, pero tras un tiempo necesitas dejar ir tus días de lamentos y volver al mundo real.

Esto significa que necesitas poner a lavar la bata de baño con la que has estado vestido durante las últimas semanas (y mientras te ocupas de ello, ¡no vendría mal que le pongas algo de desinfectante!), y no te olvides de hacer una buena y profunda introspección también.

Si tú y el agua no han tenido una relación muy estrecha últimamente, entonces hazle un favor a todos y amígate nuevamente con ella.

Abre las puertas y ventanas de tu casa, y permite que entre algo de aire fresco nuevamente; no te preocupes, porque aunque se asuste en cuanto entre, ¡el aire fresco pronto se hará cargo de todos los olores rancios y la humedad!

Y por encima de todo, cuando finalmente hayas puesto un poco de brillo y lustre en ti, recuerda tomar ese paso crucial hacia afuera de tu casa para tomar un respiro de aire fresco.

Existe la posibilidad de que hayas salido algunas veces tras tu rompimiento, pero eso no quiere decir que ya has superado tu etapa de lamentos.

Ahora que has pasado por esta etapa, piensa que ese primer paso que des fuera de tu casa será como el primer paso hacia el resto de tu vida. Efectivamente, tienes una vida extendiéndose delante de tus ojos, y necesitas hacer pleno uso de ella si quieres vivir de una manera completa y feliz.

Entonces, aunque romper sea algo difícil de hacer, no lo tomes como una señal de que la vida como la conoces no tiene futuro. En realidad lo tiene.

Francois Hougaard, un sudafricano jugador profesional de rugby, también paso por lo mismo y dijo: "Nunca es agradable perder a alguien cercano a ti; por desgracia la vida sigue, y tenemos que hacer las paces con ella y seguir adelante."

William Arthur Ward, autor norteamericano, dijo que cuando la vida te tire piedras, "puedes tirarlas otra vez, quejarte de ellas, tropezar con ellas, pasar encima o elegir construir algo con ellas."

Y esa debería ser tu actitud, aprender de lo que ha sucedido. La vida continúa, y mientras no te unas nuevamente a la parte de vivir, cualquier estrategia o intento que hagas por volver con tu ex seguramente fallará miserablemente.

3

Algunas indicaciones sobre qué hacer y qué no

Si lo que realmente quieres es volver con tu ex, entonces necesitas incorporar un poco de prolijidad a tus acciones. Si deseas lamentarte en tu angustia y dolor está perfecto, pero hazlo fuera de la vista de otras personas. Esta es la indicación número uno, a mi manera de ver las cosas.

Por un lado, esto te ayudará a cumplir tu objetivo en varios aspectos, y por otro, ¡finalmente te pondrás en forma para interactuar con otros humanos!, como vimos en la sección anterior "Romper es algo difícil de hacer."

Esta sección está dedicada a ayudarte con unas pocas indicaciones acerca de lo que deberías hacer y lo que no deberías hacer cuando estés intentando volver con tu ex.

A medida que las lees, recuerda que no son normas inquebrantables o inamovibles que estén grabadas en piedra. Siéntete libre de usarlas o desecharlas a tu antojo.

El único requisito que deberías intentar cumplir es aquel que mencioné anteriormente acerca de higienizarte. Si no tienes en cuenta ese importante factor, encontrarás que no solo tu ex huye de ti, ¡sino que también el resto de la humanidad!

Aquí debajo he escrito lo que comenzó como una pequeña lista, que lentamente se ha ido expandiendo durante el período de elaboración de este libro.

Puedes pensar en ella como una lista corta de las cosas que deberías hacer o no cuando estás intentando arreglar o lidiar con tu relación rota. Una especie de preludio a las cosas que necesitas hacer para restablecer tu relación.

Regulariza tu situación

Como ya he hablado de las partes fundamentales de este asunto anteriormente, no profundizaré demasiado nuevamente aquí.

La cuestión es que además de unirte nuevamente a la raza humana, te encontrarás con que captas la atención de tu ex cuando se da cuenta de que no estás tan devastado como él/ella esperaba que estuvieras; que puedes funcionar perfectamente y actuar como un ser humano normal sin él/ella a tu lado.

Tu ex estará muy sorprendido/a cuando vea que ya has superado el rompimiento. No hay nada más molesto que ver a una persona recuperada de lo que supuestamente había sido un rompimiento duro. Esto es algo bueno para mostrarle a tu ex: que si bien puedes vivir sin él/ella, preferirías vivir a su lado.

Actúa normalmente

Cuando te encuentres con tu ex tras el rompimiento, incluso si tu corazón se está cayendo a pedazos, actúa como lo harías normalmente, como si nada hubiera sucedido o ido mal; como si todo estuviera bien en tu mundo interior.

Esto le mostrará que eres fuerte, y si una de sus quejas era que eres débil o dependiente, esto le mostrará lo contrario.

También reforzará su percepción, cuando finalmente manipules la situación de tal manera que puedas volver con él/ella nuevamente, dando a entender que puedes vivir sin su compañía, aunque en realidad prefieres estar a su lado más que la soledad.

Mantén tu dignidad

Aprende a mantener tu dignidad, incluso envuélvete con ella como si fuera una capa. Y hagas lo que hagas, no mezcles tu dignidad con tu orgullo. El orgullo no es algo bueno con lo que te deberías envolver, y pagarás el precio por haber sido orgulloso más adelante.

(Si quieres más información acerca de ello, la sección "El orgullo tiene su lugar – aprende cuál es", te puede ser de ayuda.)

Volviendo al asunto de la dignidad, esto es lo que necesitas, ya que lo último que quieres hacer es empezar a delirar y gritar como un lunático. Hacer esto únicamente le asegurará a tu ex que tomó la decisión correcta al dejarte.

Puede sentirse bien liberar algo de ira, pero por favor, si vas a hacerlo, no lo hagas en un lugar público. Algunas cosas deberían ser privadas, ¡y ésta es una de ellas!

Mantén una sonrisa en tu rostro

Siempre deberías intentar mantener una sonrisa en tu rostro, sin importar cuál sea la provocación externa. Esto es válido incluso si ves que tu ex está con otra persona. Aprende a mantener una sonrisa soldada en tus labios, una expresión facial agradable, y asegúrate de ser amable con ambos.

Hacer esto es algo bueno, ya que le mostrará a tu ex que puedes ser un adulto maduro y que no tienes sentimientos de rencor hacia él/ella. También les dará que pensar cuando vean que no eres… bueno, todos los insultos que te adjudicaba.

También le estarás mostrando a tu ex que eres algo más de lo que él/ella pensaba.

Sin embargo, hagas lo que hagas, no ignores o trates horriblemente a la nueva pareja de tu ex. A menos que tu rompimiento haya ocurrido debido a una infidelidad de parte de tu ex, hay una buena posibilidad de que esa nueva relación sea por despecho o simplemente para olvidarte.

Esto quiere decir que hay una buena posibilidad de que la relación, si se puede llamar así, no dure demasiado tiempo. Si puedes conseguir ser agradable durante este período de pruebas, tu ex considerará la opción de volver contigo cuando se dé la oportunidad.

Haz lo inesperado

Puedes actuar de improviso o espontáneamente, manteniendo siempre a tu ex en la duda acerca de si realmente estás con el corazón roto o no, o acerca de si le guardas rencor o no.

Actúa como si todo anduviera perfectamente en tu vida, como si nada fuera de lo común hubiera sucedido, y sorprenderás a tu ex, que probablemente esperaba una reacción más predecible basado/a en cómo eres.

Y entonces, si tu ex es el que terminó contigo, esperará que estés devastado por su desamor; por eso lo mejor que puedes hacer es mantenerlo a la expectativa, intentando adivinar cómo reaccionarás.

Esta es la mejor manera de mantener a las personas en estado de alerta, al hacer lo inesperado, al reaccionar de maneras que nadie espera que reacciones.

Por ejemplo, si tu ex espera que estés devastado y actúes de cierta manera, o como un lunático delirante, entonces sorpréndelo/a actuando como una persona normal.

Esto no quiere decir que deberías actuar de manera opuesta a lo que tu ex o quien sea espera de ti.

Lo que necesitas hacer es mantenerlos a la expectativa, que intenten averiguar cuáles son realmente tus emociones, porque estarán esperando algo viniendo de ti, y tú les estarás dando algo distinto.

Prueba con estas dos pequeñas palabras: Lo siento

Aunque seas el que causó el rompimiento o no, aunque seas el que haya cometido el error o no, sigues siendo el que quiere volver con su ex.

Esto quiere decir que tendrás que ser el que haga la primera jugada, y tendrás que ser el que se esfuerce más.

Esto también significará que a menos que tu ex esté totalmente comprometido/a con la relación, si alguna vez vuelven a estar juntos, tu nueva relación con tu ex podría desequilibrarse.

Sin embargo, eso es inevitable, y si realmente quieres volver con tu ex, podrías intentar usar estas dos pequeñas palabras: "lo siento." Pueden hacer maravillas si eres aquel que cometió más errores, y si las sientes de verdad al decirlas.

No hay nada mejor que un poco de sinceridad para que las cosas mejoren. Pero aunque "lo siento" sea algo muy poderoso para decir, si no eres el que arruinó las cosas o el responsable del rompimiento, entonces pronunciar esas palabras en vano podría tener repercusiones en tu mente.

Si tu ex no está completamente comprometido/a con la relación, entonces con esas palabras podrías estar otorgándole otra forma de controlar la manera en la que la relación funciona y cómo se desarrolla.

A menos que quieras volver con tu ex a toda costa, deberías ser muy cuidadoso a la hora de determinar cuándo y cómo usas esas palabras.

Por otra parte, si realmente eres parcialmente responsable por el rompimiento de tu relación, entonces necesitas poner tu orgullo a un lado y hablar con tu ex para arreglar lo que has hecho. (¡Sólo si quieres volver con él/ella, por supuesto!)

Necesitas saber otra cosa acerca de estas dos pequeñas palabras. Cuando las digas, claro que tienes que ser sincero, pero también tienes que aceptar el hecho de que aunque también haya algo de culpa en la otra parte, a veces no escucharás estas palabras devueltas hacia ti.

Tal es el poder de estas dos palabras, que a veces el oyente se olvida completamente de que también podría haber tenido algo de culpa también.

Pero ya que tu objetivo es volver con tu ex, si estás de acuerdo con tomar la responsabilidad por el declive de la relación, entonces has encontrado la manera perfecta de volver con él/ella.

También deberías estar preparado para que tus palabras

sean rebotadas y desechadas. Realmente depende de cómo fue el rompimiento, y que sucedió para que la relación se quebrara.

Entonces, aunque probablemente vayas con toda tu sinceridad y humildad, podrías encontrarte con que tus movimientos siguen siendo rechazados, pero de nuevo; esto es parte de lo que has decidido aceptar cuando determinaste que ibas a volver con tu ex a toda costa.

No cometas el mismo error dos veces

Si haz cometido un error una vez, como por ejemplo una aventura por fuera de tu relación, y dejaste a tu ex a causa de esto, no lo hagas nuevamente.

Si quieres volver con tu ex, probablemente él/ella crea que esa experiencia fue un error que no cometerás nuevamente, o que controlarás tu comportamiento adecuadamente, ya que estás intentando revivir la relación.

Entonces sea como sea, no vuelvas a entablar una relación con tu ex tras haber cometido un error solo para cometerlo nuevamente.

Eso sencillamente no es honesto, y si sabes que no serás capaz de cambiar tus maneras de actuar, o no tienes ganas de hacerlo, podrías hacérselo saber a tu ex desde el principio, para que puedan tomar una decisión sabiendo de qué va el asunto realmente.

Esto es lo correcto, ya que de otra manera estarían haciendo planes para volver a pasar por penurias cuando las cosas vayan mal en su relación; lo cual probablemente ocurrirá si este nuevo comienzo está basado en verdades a medias.

También necesitarás tener la voluntad para aceptar o solucionar cualquier problema que ambos tengan antes de volver a la relación. De otra manera podrás observar como tu relación se estrella contra las rocas nuevamente.

No actúes como un bastardo

Sé amable al hablar de tu ex – probablemente no haya nada que te sirva para separarte de tu ex incluso más que hablar mal de él/ella, de sus amigos o de sus hábitos molestos.

Si quieres volver con tu ex, entonces guárdate tus pensamientos negativos para ti mismo. Y tal vez si los pequeños hábitos molestos de tu ex son en realidad demasiado como para soportarlos, podrías querer considerar el hecho de que tal vez estarías mejor sin su compañía. Es sólo una idea.

No seas pesado

Realmente no hay nada más agotador para una persona que está tratando de alejarse de ti que enfrentar a una persona pesada y necesitada. Si lo opuesto sucediera, probablemente tú también te sentirías ahogándote en ese mar de tanta negatividad.

Piensa en la última vez en la que te sentiste atraído hacia una persona a la cual podías manipular como quisieras. ¿Estabas tan siquiera interesado en continuar una relación con ella? ¿La tratabas con respeto? ¿Te preocupaba incluso en lo más mínimo?

Todo esto podría sonar demasiado cruel como para ser cierto, pero lo cierto es que la mayoría de nosotros no aprecia a la persona que se aferra a nuestra vida como una enredadera. Este tipo de personas hace cualquier cosa que le pidamos sin ni siquiera pensarlo.

Esta última característica podría ser lo que buscas en alguien que trabaja para ti, o cuando necesitas ese tipo de disposición en algún momento crucial, ¿pero realmente queremos a este tipo de persona en nuestras vidas?

Lo cierto es que existe gente que tiende a ser pesada y presentar actitudes serviles incluso después de que su pareja las ha dejado, lo que la puede molestar mucho. Es necesario que detengas este comportamiento inmediatamente, e intenta ser más positivo y asertivo.

El cambio que verás en la actitud de las personas que están alrededor tuyo, incluso de tu ex, valdrá la pena, te lo aseguro. Para más información acerca de estas cuestiones, ve a la sección titulada "No te conviertas en un felpudo".

Sé flexible

Aprende a ser flexible en lo que haces. Si estás esperando cumplir con tareas que ya tenías previstas de acuerdo a un cronograma rígido o si dependes de la puntualidad de alguien más, te encontrarás condenado a sentirte decepcionado.

"Los mejores planes de ratones y hombres a menudo van torcidos…" (de un poema escocés del año 1785). Creo que la realidad se maneja basada en esas palabras.

Establece tus planes, ya sean los de volver con tu ex o si se trata de hacer que tu relación funcione, o si en realidad es para algo totalmente distinto, y entonces ponte cómodo y observa cómo se van deshaciendo desde sus costuras.

De la única manera en la que tus planes verdaderamente funcionarán será cuando ganes capacidad de adaptación y seas flexible. De esta manera puedes cambiar y ajustar tus planes para la situación a medida que van sucediendo las cosas alrededor tuyo.

Por ejemplo, si te enteras de que tu ex está con una persona nueva cuando lo/la llamas para invitarlo/a a una cena amistosa, no cuelgues el teléfono y vayas a tirar algo contra la pared solo para sacarte el enojo; en lugar de eso tómalo con calma y sigue con tu vida.

Invita también a la nueva pareja de tu ex a comer con ustedes, muéstrale a tu ex que lo que querías realmente era una cena amistosa, y que tampoco guardas sentimientos de rencor.

Cuando llegue el momento de la cena (mejor ve sin compañía esta vez, o sino parecerá que estás intentando competir con tu ex pareja), asegúrate de ser educado y parecer interesado en lo que tu ex y su nueva pareja tienen para decir.

Aparenta estar interesado, actúa como si lo estuvieras, y no muestres signos de rivalidad – incluso si estás hirviendo en tu interior a causa de este nuevo acontecimiento.

El ser flexible te posibilitará lo que no podrías haber conseguido si estuvieras enfocado rígidamente en tus planes: tiempo con tu ex, ¡incluso si alguien más te estaba observando durante ese tiempo!

Sal con tus amigos y respira algo de aire fresco

Deja a tu ex y a tus problemas de lado por una noche, o

por un fin de semana, y sal con tus amigos a algún lado.

En este momento necesitas desesperadamente conseguir algo de perspectiva con respecto a tu vida, y no hay mejor manera para conseguir este objetivo que salir por ahí a olvidar tus problemas aunque sea por un corto período de tiempo.

Esta es una buena forma de terapia, ya que puedes contar con tus amigos para apoyarte y ayudarte a atravesar estos tiempos difíciles.

De todas maneras, hay algo que necesita ser mencionado. Si te emborrachas de manera salvaje intentando olvidarte de tus problemas, y consigues que tus amigos ideen un plan brillante para que tú puedas volver con tu ex, por favor no lo pongas en práctica hasta el día siguiente.

De lo contrario, si te conoces bien y sabes que podrías hacer cualquier cosa estando borracho, átate una pequeña cartulina alrededor del cuello con indicaciones de no ningún tipo de contacto con tu ex hasta la mañana siguiente.

Esto podría darte una pequeña chance de no hacer algo estúpido como llamar a tu ex a altas horas de la madrugada para cantarle el estribillo de "All Out of Love" de Air Supply con una voz muy desafinada y evidentemente ebria.

Si de verdad te parece que necesitas algo de aire fresco, entonces sal con tus amigos, diviértete, pero recuerda dejar de lado a tus problemas, no escapar de ellos agravando la situación al hacer algo estúpido.

No te conviertas en el ex del infierno

En otras palabras, no te conviertas en un acechador, esto no es bueno en absoluto, y no acoses ni tampoco te conviertas en una molestia para tu ex.

Sólo mantente alejado de él/ella hasta que estés completamente listo para comportarte como un ser humano normal, ¡y hasta que tu comportamiento esté lejos de ser considerado como acoso!

Dale a tu ex un respiro para que pueda ver el error monumental que cometió al dejarte; o si por alguna razón tú lo/la dejaste, que pueda sentir lo mucho que te extraña y cuánto desea volver contigo.

No supliques: es penoso

Nunca vayas a suplicarle a tu ex para que vuelva contigo. Salvo que tengas algo que ofrecer a cambio, el suplicar no va a funcionar. O podrías probar usando algo a lo que llamo "súplica elegante" (acerca de la cual encontrarás más información en su sección correspondiente).

Evita parecer demasiado patético. Aunque dependiendo de cómo es tu ex, ¡ser algo patético podría darte puntos por el lado de la compasión! Sin embargo, si te pasas de la raya perderás toda la compasión que tu ex pudiera haber tenido por ti.

Evita hacer preguntas

Esto también es tratado con profundidad en la sección "No contactes a los familiares de tu ex para obtener información."

Si realmente quieres saber cómo le está yendo a tu ex, no le preguntes a sus amigos o familiares, ni tampoco hurgues su Facebook.

No hay nada mejor para la persona que te acaba de dejar, que saber que lo/la necesitas de tal manera que ni siquiera puedes pasar un día sin que tengas la necesidad de escuchar sobre su vida.

Y siguiendo con esto, también debería recomendarte que simplemente te alejes de los amigos o familiares de tu ex, a menos que también sean parte de tu círculo de amigos o familiares.

Y si este es el caso, deberías pensar en alguna manera para endurecer tu corazón, porque puedes estar seguro de que verás a tu ex en varias ocasiones si comparten gente en su círculo social y familiar.

No juegues al juego de la culpa

Mantén las cosas claras y simples, y hasta donde sea posible, amistosas. Probablemente veías venir el rompimiento de tu relación, o al menos lo hacías de manera subconsciente, y sabes que siempre hay dos versiones de la misma historia, tal y como hay dos personas involucradas en una relación.

El rompimiento no fue necesariamente culpa de una de las partes, sin importar lo que estés pensando en este momento. Observa y evalúa las cosas cuidadosamente antes de andar apuntando con tu dedo en vano.

Sabes lo que se dice acerca de los que apuntan con el dedo. Un dedo puede estar apuntando hacia fuera de ti, pero siempre hay al menos tres dedos apuntándote directamente a ti.

Entonces, ten cuidado con lo que señalas, y a quién culpas por tu rompimiento.

En cuanto al sexo

No uses el sexo casual como una manera de seducir nuevamente a tu ex. Esto podría funcionar a corto plazo, pero a menos que arregles o intentes arreglar lo que estaba roto desde un principio, el sexo no va a hacer más que prolongar un poco más la agonía de esa relación.

Esta también es una calle de dos manos. Así como no deberías usar el sexo como carnada para atraer a tu ex de vuelta hacia tu lado, también deberías evitar el uso del sexo con otras personas para olvidar el dolor y el enojo que estás sintiendo.

También he profundizado un poco más sobre este asunto en la sección titulada "Sexo – usarlo o no"

Sé honesto

Si en algún momento vas a ser honesto contigo mismo en algún aspecto, este es el lugar en el cual empezar a hacerlo, siendo honesto acerca de por qué quieres volver con tu ex, por qué se terminó la relación en primer lugar, y la más difícil de todas; si tuviste la culpa, incluso parcialmente, de que la relación terminara.

De todas estas, creo que te ayudaré a determinar la última de las incógnitas; y la respuesta que te daría sería, sí, fuiste parcialmente responsable por el rompimiento de tu relación.

Recuerda que hacen falta dos personas para hacer funcionar a una pareja, no dos individuos. "Individuos" implica que ambos pueden desarrollarse independientemente del otro para que la relación funcione, lo cual sencillamente no es cierto.

Una relación no soportará las dificultades que

involucran su misma existencia, ni el paso de los años, si las dos personas involucradas no hacen un esfuerzo en conjunto.

Ni siquiera importa si cada uno de ustedes está haciendo algo a su propia manera para aportar a la relación. A menos (y hasta) que ambos aprendan a "remar" en la misma dirección, en algún punto se encontrarán en direcciones opuestas.

Entonces sí, también has sido responsable por tu rompimiento, incluso si no fuiste el responsable de pronunciarlo con tu boca.

Y aquí es donde se hace difícil para ti el ser honesto contigo mismo. La mayoría de nosotros prefiere vivir la vida con la cabeza metida en un hueco en la tierra, ignorando aquellas cosas que nos molestan y que nos causarán dolor, especialmente cuando sabemos que somos parte del problema.

Esto quiere decir que la mayoría de nosotros también preferiríamos no hacernos responsables por nuestras acciones, porque a la hora de la verdad, esto hace tanto daño que se plantea la siguiente cuestión: ¿realmente queremos enfrentar la idea de que podríamos haber sido parcialmente responsables de nuestro propio dolor?

La verdad de la cuestión es que al ignorar esa responsabilidad que tenemos sobre nosotros mismos nos volvemos vulnerables a más y más angustia.

Y la razón de esto reside en la falta de aceptación de nuestra propia falibilidad, o de nuestras propias faltas y errores.

Podrías no ser el mayor responsable de que tu relación haya acabado, pero seguramente has contribuido, porque si no lo hubieras hecho, ¿qué dice eso acerca de qué tanta atención le estabas prestando a la relación? ¿Qué dice eso acerca de qué tanto esfuerzo le estabas poniendo?

¿Vas a pensar: "Oh, él/ella me dejó porque no era la persona adecuada para mí / porque estaba con otra persona / porque simplemente no estaba interesado/a en hacer que la relación funcionara?"

La desafortunada verdad es que estas son frases que nos obligamos tan voluntariosamente a creer una y otra vez, que cuando algo sale mal o fallamos en nuestras relaciones, recurrimos a ellas. Es la manera más fácil de excusarse ante una mala situación, y la aceptamos sin siquiera pensar en lo que esto nos causará.

Por un lado, si tomamos tres de los ejemplos más comunes de auto engaños, "me dejaron porque no éramos compatibles" no es un motivo, porque si ese fuera el caso, entonces no estarías experimentando tanto dolor, ¿no te parece?

No importa si la persona era inapropiada para ti en un aspecto social, porque cuando estabas junto a esa persona la sentías como la indicada para ti. Las diferencias pueden haberlos separado, pero el indiferente "…no éramos compatibles…" te libera de cualquier responsabilidad que hayas tenido en la relación.

Si nuestra pareja está teniendo una aventura, ¿necesitas preguntarte por qué? ¿Por qué sucedió, y por qué te molesta tanto? Me doy cuenta de que la última pregunta puede haber escandalizado a muchos de ustedes, los lectores, pero es simplemente la pura verdad.

Si no hiciste nada para provocar o incitar a tu pareja a tener una aventura en primer lugar, o si es natural para la persona necesitar a más de una persona a la vez, ¿por qué te sigues torturando con ello?

¿Hay algo que podrías haber hecho para cambiar las cosas?

Y si fuiste parcialmente responsable de que tu pareja te haya engañado (por ejemplo al no ser capaz de darle el amor y la atención que él/ella necesitaba), entonces ¿por qué no te haces responsable por lo que te corresponde? ¿Por qué depositas toda la culpa en tu pareja por haber arruinado las cosas?

Si puedes hacerte responsable por la realidad en una situación similar al primer caso, donde no has tenido nada que ver con el engaño, ¿por qué no puedes hacerlo en una situación parecida al segundo caso?

Y recuerda que aunque las dos personas que conforman la pareja sean responsables por hacer que esa relación funcione, cada una de ellas es responsable únicamente de sí misma.

Entonces, aunque quieras cargar con algo de la culpa por el mal funcionamiento de tu relación, no puedes cargar con culpa por que tu pareja desee cosas completamente distintas a las que tú deseas, como por ejemplo el hecho de necesitar a más de una persona con la cual estar involucrada al mismo tiempo.

Sé que tal vez te hayas mareado un poco, y es que es algo complicado, pero esto de ser honesto contigo mismo y cargar con tu justa porción de responsabilidad es algo muy necesario.

Si tomas demasiado poca responsabilidad y echas toda la culpa a tu pareja por el estado agonizante de la relación, entonces te estarías absolviendo de formar parte de la relación en absoluto.

Si por el contrario, tratas de cargar todo el peso del mundo en tus hombros, y te culpas a ti mismo por las cosas que hace tu pareja (porque está en su naturaleza), entonces estás pretendiendo tener más poder del que realmente tienes, ya que nadie puede ser responsable por las acciones de otra persona.

Y en esta delgada línea que separa lo correcto de lo incorrecto, el tomar responsabilidad cuando es apropiado y descartarla cuando no lo es, es donde todos solemos enredarnos e irnos hacia los extremos. Nos pasa a todos. Solamente que no nos damos cuenta.

Y la razón por la cual esto sucede, es más que nada porque estamos demasiado cerca a la situación como para realmente ver lo que hay frente a nuestros ojos.

No podemos ver que somos parcialmente responsables por ahuyentar a nuestro amor cuando damos cosas por sentado; y no podemos ver el hecho de que no somos responsables por la voluntad de nuestra pareja cuando ella no quiere estar en una relación formal en el momento actual, por ejemplo.

Es simplemente su configuración genética, y una parte de sus necesidades en ese momento. Las cosas podrían cambiar con el tiempo, pero no hay nada que puedas hacer para cambiarlas. Es tan simple y difícil como eso.

Necesitas ser honesto contigo mismo desde el principio acerca de qué exactamente fue lo que falló, y qué tuviste que ver con el rompimiento.

Si llevamos las cosas incluso más allá, y volvemos a nuestro ejemplo anterior, el bálsamo para tus heridas de las palabras "la relación no funcionó porque él/ella no estaba interesado/a en hacerla funcionar" puede tener dos manifestaciones.

Por un lado, si realmente sucedió eso, si la otra parte de la pareja quería algo completamente distinto de la relación a lo que tú querías, ¿qué es lo que te hace creerte responsable de que te hayan dejado?

Por otra parte, si querían algo distinto, ¿por qué estás haciendo que tu ex parezca la mala persona? ¿Es sólo porque te dejaron para seguir sus propios objetivos? ¿Es esto algo tan malo si realmente te pones a pensarlo?

¿Por qué sigues obsesionándote con el asunto si sabes que no puedes cambiar los hechos?

La verdadera responsabilidad y el problema que necesitas solucionar es tu incompetencia para tomar el control de tu vida cuando las cosas que suceden no son tu culpa.

Y si no puedes ser honesto con nadie más acerca de tu relación, entonces trata de serlo al menos contigo mismo.

De esta manera, al ser honesto contigo mismo desde el principio, podrías incluso darte cuenta de qué fue lo que ocurrió para que la relación fracasara, y si fuiste parcialmente responsable por ello, entonces al menos puedes tratar de arreglar las cosas para que la próxima vez no ocurra lo mismo.

4

Es la hora de la verdad

Ya está, es la hora de la verdad y necesitas decidir lo que quieres. Básicamente, necesitas decidir entre si en realidad quieres volver con tu ex o no. Y probablemente si has llegado a este punto, es porque tus intenciones giran en torno a la primera idea.

¿Pero eso es lo que realmente quieres? ¿Realmente quieres volver con la persona a la que dejaste, o que te dejó? ¿No estarías mejor manteniéndote alejado de esa persona, en vez de estar tratando de volver con ella?

Si estás dudando, porque lo que tuviste fue una buena relación, al menos para tu percepción actual de las cosas (porque las personas siempre recuerdan las cosas como maravillosas cuando ya no están involucradas en ellas), te haría bien pensar al menos un momento antes de ponerte manos a la obra para intentar rescatar lo posible de tu relación rota.

Pero déjame decirte algo; si quieres volver con tu ex solamente porque se te está haciendo difícil mantener una relación estable con otra persona, o incluso encontrar a alguien con quien tenerla, entonces necesitas tomarte un tiempo para examinar y pensar acerca de las razones por las cuales ocurrió el rompimiento en primer lugar.

Si ha pasado algo de tiempo desde aquel rompimiento, podrías darte cuenta de que estás usando lentes color de rosa concerniendo a tu relación y el rompimiento propiamente dicho.

Piensa si en realidad tu relación era tan buena como la recuerdas, y el motivo de la ruptura. ¿Fueron convincentes las razones, o ahora mirando hacia atrás solamente ves la parte buena del asunto? ¿Qué hay de esas épocas en las cuales no podías soportar algo de la relación, pero sin embargo seguiste aguantando tranquilamente?

¿Son superables esas razones para separarse? Y yendo más al grano, ¿tienes la voluntad para superarlos si se reestableciera la relación?

Lo he dicho varias veces antes, pero aquí va; tómate tu

tiempo para determinar si realmente quieres volver con tu ex, y por qué.

Si todo es por una reacción ante el rompimiento, entonces deberías pensar acerca del motivo por el que quieres volver. Si es por alguna de las razones que mencioné anteriormente, deberías pensar larga y arduamente en ello.

Junto con la razón de por qué quieres volver con tu ex, también necesitas pensar acerca de si en realidad lo/la necesitas. Claro, puedes pensar que realmente quieres volver con esa persona, ¿pero es eso lo que verdaderamente quieres? ¿Estás preparado para enfrentar a lo que sea que causó el rompimiento en un principio?

¿Estás dispuesto a volver con esa persona, a ser parte de una relación nuevamente? ¿Estás dispuesto a tolerar todos los caprichos y manías de esa persona reiteradamente? ¿Estás dispuesto a tener que atenuar tus propios caprichos y manías para que ambos sean felices?

Lo sé, lo sé, demasiadas preguntas, y para algo tan simple como el hecho de volver con tu ex (o al menos intentarlo). Pero éstas son preguntas muy importantes y como dije anteriormente, es la hora de la verdad. Necesitas recomponerte ahora, antes de tomar cualquier decisión acerca de que harás finalmente.

En última instancia, necesitas decidir si quieres una vida y una relación con tu ex nuevamente, o si quieres crear un camino distinto para ti mismo, uno que no involucre a tu ex pareja.

La verdad sobre la venganza

La venganza podrá ser, "...un plato que se sirve frío", para citar algún dicho, pero no es necesariamente como la hacen parecer.

Hay muchas cosas que parecerían valer la pena hacer en caliente, cuando el dolor e incluso la ira del rompimiento está sobre ti, pero lo mejor que puedes hacer en una situación como esa es hacerte a un costado y esperar a que te calmes.

Podrás estar sólo, o con amigos comprensivos, pero no tomes decisiones apresuradas o inicies planes a medio armar para volver con tu pareja. La mayoría de las veces estos planes serán contraproducentes o irán mal de alguna manera, causándote angustia y dolor.

Esto es lo último que necesitas para ti ahora, así que si quieres volver con tu ex, idealmente deberías asegurarte de que no es meramente por el placer de volver a tener a tu pareja para abandonarla cuando te convenga.

La venganza es un motivo horrible para querer volver con tu ex, y causará dolor para todos los involucrados, no sólo a tu ex, sino que para ti también, y para cualquier otra persona que se pueda ver afectada por tus planes sin tener culpa alguna.

Piensa y considera mucho antes de poner un plan de venganza en acción, porque puedes estar seguro de que el resultado no será agradable.

Una vez que algo se ha hecho, una vez que las palabras han sido intercambiadas en caliente; palabras por las que no puedes disculparte, tendrás que enfrentarte a las consecuencias de ellas durante un largo tiempo.

Tendrás que soportar vivir contigo mismo sabiendo lo que has hecho, y a veces es más difícil vivir contigo mismo y con tus recuerdos que con otra persona.

¿Quién dejó a quién?

La mayoría de las veces, si una relación se pone agria, o los temperamentos chocan entre sí y los problemas que estaban burbujeando debajo de la superficie salen a flote, entonces podrías quedarte tambaleando ante la sorpresa y la rapidez con la que las cosas ocurren, incluso si habías estado esperando a que sucediera algo como esto desde hace algún tiempo.

En estos casos, siempre es fácil enfocarse en el juego de la culpa, y culpar a la otra persona por el rompimiento de la relación. Es aquí cuando las personas a veces comienzan a obsesionarse con el "quién dejó a quien", porque nadie quiere verse como el tonto o como el malo de la película, y eso es exactamente lo que pasará si la verdadera historia saliera a la luz alguna vez.

Por eso tendemos a obsesionarnos acerca de lo que pasó, y la mayoría de las veces cambiaremos un poco las circunstancias incluso en nuestras mentes, para mantener nuestro orgullo y dignidad intactos.

Realmente no cambia nada a largo plazo, excepto que decidas que quieres volver a estar junto a tu ex en pareja.

En esta situación, que seas el "dejador", o el "dejado", importa mucho, porque es de acuerdo a esto en base a lo que tomarás tus decisiones acerca de cómo volver con tu ex.

Si has sido el dejador

Por ejemplo, si fuiste el dejador, la persona que promovió el fin de la relación, entonces tendrás que poder caminar sobre el agua antes de que puedas tener una mínima chance de recomenzar la relación.

No importará si ahora estás arrepentido, o si has resuelto las cuestiones que te molestaban y que te obligaron a terminar con tu pareja de ese momento.

Si tu ex ha sido acosada demasiadas veces por tus métodos de conquista, podría suceder que nunca vayas a tener una oportunidad de volver con él/ella.

Si eso sucede, es mejor que vayas abandonando la idea de la reconciliación, alejándote con tu dignidad y orgullo intactos.

Por otra parte, si todavía tienes algún tipo de chance de volver con tu ex, entonces podrías tener que caminar sobre agua para probar tu valía, pero al menos sabrás que tienes una chance de conseguir lo que quieres.

Si has sido el dejado

Desde otro punto de vista, si fuiste el dejado, la persona que fue abandonada por una razón u otra, entonces tienes una mejor —aunque en algunos casos peor- posibilidad de reconciliación con tu ex que alguien que ha sido el dejador.

Tus posibilidades son mejores porque hay una buena probabilidad de que tu ex esté arrepentido/a por haber destrozado la relación, y porque no eres el que tiene que arreglar las cosas, ya que te han dejado a ti.

Y aquí también es donde las cosas pueden empezar a ponerse algo dificultosas, porque eres el que está en desventaja, ya que quieres volver con esa persona, cosa que no ocurre en sentido contrario.

Al ser la persona que quiere reestablecer la relación, tu posición será débil a menos que tu ex tenga deseos similares a los tuyos.

Incluso siendo el que ha sido dejado, necesitarás trabajar más duro porque tu ex te dejó por algo, y muy posiblemente, sus motivaciones fueron buenas a su manera de pensar.

Pasos prácticos para fortalecerte

Antes de ir más adelante por el camino de intentar volver con tu ex, pensé que deberíamos echar un buen vistazo a lo que te tendrás que enfrentar –sobre ti mismo- durante el período durante el cual estás intentando volver con tu ex.

Esto se trata de ti; tus fuerzas y debilidades, y lo que idealmente deberías hacer para aumentarlas, para que puedas tolerar todo el proceso hasta la conclusión de tus planes.

Estas indicaciones están, como siempre, descritas en forma reducida para empezar, y luego las desarrollaré más adelante.

- Sé positivo acerca de lo que va ocurriendo – una actitud negativa nunca ayudó a ganar ninguna guerra, y seguramente tú tampoco conseguirás

volver con tu ex si tienes una perspectiva negativa de la vida.
- No te desanimes – la esperanza es la clave de todo lo que hacemos en la vida, nunca la pierdas.
- Busca el lado positivo – siempre hay uno si miras con atención.
- Pelea por lo que quieres – Siempre vale la pena luchar por las cosas buenas de la vida.
- Ten paciencia – tomará tiempo arreglar lo que está roto.
- Usa el humor – se sabe que el humor es la panacea para todas las enfermedades y que si sólo te tomas un tiempo para sonreír y reírte, te darás cuenta de porqué es tan así.

Cómo ser positivo en medio del conflicto

Estar deprimido por cosas que no puedes cambiar, por cosas sobre las que no tienes ningún control, y ser negativo acerca de todos los aspectos de tu vida no te ayudará a enfrentar la realidad con una sonrisa alegre.

En cambio, trata de forzarte a ti mismo a sonreír al menos una vez al día. Sin siquiera darte cuenta incluso empezarás a sentir que tu sonrisa se está convirtiendo en algo más y más natural, y mucho menos forzada.

Con una perspectiva positiva de tu parte encontrarás que incluso un problema que parecería insuperable es algo que ahora puedes enfrentar sin mucho problema.

También comenzarás a ver pequeños cambios en ti mismo. Serás más capaz de aceptar lo que el mundo te tira, y también podrás enfrentar fácilmente tu rompimiento.

El problema que existe al intentar volver con tu ex dejará de parecer un viaje tan cuesta arriba, y más que nada, tu ex también empezará a notar estos cambios en ti.

Entonces, cuando antes podrías haber sido bastante retraído y no sentirte demasiado confiado, encontrarás que una perspectiva positiva puede cambiar las cosas hasta un grado en el que incluso tú comienzas a cambiar para mejor.

En su libro "Cómo desarrollar una personalidad dinámica", el autor Josué Rodríguez menciona lo siguiente:

Las personas exitosas son identificables por su actitud positiva dominante, la que hace parecer que no existe nada que no puedan lograr si lo quisieran, ¡ni nada que no pudieran poseer! Es una actitud positiva que separa a los exitosos de los perdedores: una energía creada por uno mismo que nos impulsa hacia el éxito, al contrario de lo que sucede con una energía que causa la derrota de uno mismo, este tipo de energía no hace otra cosa que crear problemas y provocar muchos sufrimientos en la vida.

En una ocasión, un profesor de psicología se subió al escenario, mientras enseñaba principios de manejo del estrés a un auditorio lleno de estudiantes. De pronto levantó el vaso de agua que tenía frente a él y cuando todo el mundo esperaba la clásica pregunta de si el vaso está medio lleno o medio vació, el profesor preguntó con una sonrisa en su rostro: "¿Cuánto pesa este vaso de agua que estoy sosteniendo?"

Los estudiantes gritaron respuestas que iban a partir de un par de gramos a varios kilos.

Pero el profesor, haciendo un gesto de silencio con la mano, respondió: "Desde mi perspectiva, el peso absoluto de este vaso de vidrio y su contenido no importa. Todo depende de cuánto tiempo lo sostengo. Si lo sostengo por un minuto o dos, es bastante ligero. Si lo sostengo durante una hora exacta, su peso puede hacer que mi brazo se canse un poco. Si lo sostengo por un día consecutivo, es probable que mi brazo sufra de calambres repentinos y que luego lo sienta completamente entumecido y paralizado, obligándome a soltar el vaso y que el mismo se estrelle contra el suelo. En cualquiera de todos estos casos, el peso del vaso de vidrio no cambia, pero cuanto más tiempo lo sostengo, lo voy sintiendo más y más pesado."

Al ver que toda la clase asentía mostrando estar de acuerdo, el profesor continuó: "Sus tensiones y preocupaciones de la vida son muy parecidas a este vaso de agua. Si piensan en ellas por un momento no pasa nada. Piensa en ellas un poco más y sentirás que ya te duele un poco. Piensa en ellos durante todo el día, y te sentirás completamente dormido y paralizado, incapaz de hacer nada más que dejarte caer."

La moraleja de esta historia es la siguiente: Es muy importante recordar que hay un tiempo para todo, aun para dejar de lado tus tensiones y las preocupaciones que te aquejan. Pase lo que pase durante el día, bien temprano en la noche haz el esfuerzo de poner todas tus cargas fuera de ti. No te duermas con ellas para que al día siguiente estén allí otra vez. Si todavía sientes el peso de la tensión de ayer, es una fuerte señal de que es hora de poner el vaso en la mesa.

La actitud positiva es un estado y una condición de tu mente que te permite manejar el estrés con optimismo y paciencia, promoviendo la esperanza y anulando la desesperación. Esto te permite permanecer inmutable ante los problemas, mantener tu atención y continuar perseverando sin frustración, y eventualmente superar todos los problemas.

Así que si has sido un pesimista y has estado lleno de pensamientos negativos, aquí tienes cómo deshacerte de tu problema, adoptar tus ansiadas metas y desarrollar una actitud positiva.

1. Cuando sientas cualquier síntoma de negatividad o de pesimismo invadiendo tu mente, inmediatamente controla tus pensamientos y detente: En lugar de eso intenta imaginar y visualizar tus recuerdos favoritos, expectativas o sueños.

2. Los expertos recomiendan otro método para hacer desaparecer los pensamientos negativos de tu mente, y es un mecanismo que involucra dos etapas básicas: La primera, en la cual se desvían hacia afuera todos los pensamientos y emociones negativas, y la segunda, en la cual se permite que la negatividad se infiltre y sea superada con pensamientos y sentimientos positivos.

3. Hablarte a ti mismo y repetir afirmaciones positivas son técnicas comprobadas para desarrollar una mentalidad positiva. Así que diseña tu charla de preparación personal y tu afirmación motivacional, y haz habitual el hablar contigo mismo frecuentemente.

4. Otra manera útil es hacer carteles o notas adhesivas que lleven palabras afirmativas y positivas como por ejemplo: "puedo hacerlo", "el éxito es mío", "el objetivo está a mi alcance", etc., y colocarlos por tu casa o lugar de trabajo donde te sea posible ver los mensajes frecuentemente, durante el día y la noche.

5. Intenta que las personas altamente exitosas sean tus amigos y conocidos, y trata de pasar tiempo con ellos y conocer su enfoque. Con las amistades adecuadas es mucho más fácil que el secreto para una actitud positiva se te adhiera.

6. Empieza a leer libros y revistas positivas de auto-ayuda, o incluso mejor, las biografías o autobiografías de tus héroes. También puedes concurrir a seminarios relevantes y talleres sobre el tema.

Recuerda que una actitud positiva sólo puede ser cultivada y mantenida por ti; se logra con un desarrollo personal que es enteramente interno, por lo que nadie te lo puede quitar. Lleva mucho tiempo, esfuerzo y dedicación, pero es un elemento eterno e invaluable.

Con respecto a esto, Ralph Waldo Emerson, dijo en cierta ocasión: "Nada externo a ti tiene ningún poder sobre ti."

Una perspectiva positiva también es buena cuando

estás llevando adelante un plan para volver con tu ex, ya que al ser este un terreno repleto de dificultades, la única manera de superarlas es primero siendo positivo en todas tus actitudes.

No te desanimes

Esto es algo que puede ocurrir de manera muy fácil durante el período que dure tu "campaña" para recuperar a tu ex. Cuando los avances son lentos o incluso no existentes, se puede volver algo muy fácil desanimarse, y en esos momentos, se hace incluso más fácil para ti el dejar ir tus objetivos y atender otros asuntos.

Sin embargo, esto puede ser positivo, ya que a veces la vida se despliega ante nosotros de diversas maneras, y tú podrías no estar destinado a recuperar el afecto de tu ex. Tal vez están destinados a permanecer siendo buenos amigos en vez de pareja y amantes.

Esto es algo que tendrás que evaluar si en algún punto sientes ganas de rendirte en tu búsqueda.

Pero si realmente amas y quieres a tu ex en tu vida otra vez, y si sabes que tu ex todavía tiene sentimientos por ti, tendrás que mantenerte fuerte cuando venga el desánimo y la aparente falta de progreso, porque ésta probablemente es sólo una etapa por la que estás pasando.

Si lo necesitas, hazte a un lado y tómate un respiro. Deja a tus planes por un lado momentáneamente y dedícate algo de tiempo a ti mismo. Vete a algún lado con tus amigos si puedes, o tómate unas vacaciones lejos de todo lo que te pueda recordar a tu ex.

Hacer algo como esto puede rejuvenecerte y hacerte volver a tu búsqueda lleno de vida y esperanza.

Busca el lado positivo

Sin importar lo que la gente pueda decirte, siempre hay un lado positivo detrás de toda nube gris, sólo necesitas mirar con más atención y cuidado si esto no es inmediatamente aparente.

Cuenta la historia de un chino que tenía un hermoso caballo, fuerte y vigoroso. Sus vecinos siempre le decían "hay que ver la suerte que tienes", a lo que él siempre les respondía: "no todo es lo que parece." En una ocasión el caballo se le escapó de su rancho y los vecinos fueron a consolarle. "Lamentamos muchísimo su desgracia", le dijeron al chino dueño del caballo. Y él les respondió: "¿Quién dice que esto es una desgracia?"

A la semana siguiente volvió el caballo, trayendo detrás de él una preciosa manada de yeguas y caballos alazanes. Los vecinos también le felicitaron por tener tanta suerte otra vez. El chino les dijo: "no todo es lo que parece."

A los dos días su hijo montó uno de los caballos y se fue a galopar por ahí, pero cayendo, se quebró una pierna. Los vecinos del chino volvieron para "consolarle", ya que su hijo quedó cojo de una pierna, pero él les dijo: "¿quién dice que esto sea una desgracia?"

Al cabo de poco tiempo hubo una guerra muy violenta en ese país, por lo que el gobierno empezó a reclutar soldados de todos los pueblos y ciudades. El primogénito de sus hijos se libró de tener que ir a pelear... por estar cojo de una pierna.

Cada vez que enfrentamos una aflicción tenemos dos caminos para tomar. Delante de nosotros hay dos decisiones: o decidimos lamentarnos y llorar o bien actuamos con una perspectiva positiva ante el mal acaecido.

Si la vida es un viaje, es muy raro que nos toque caminar en una ruta plana y derecha, donde no haya estorbos que nos impidan el paso. La vida es como una carrera de obstáculos, siempre se presentan una serie de problemas todos los días, los cuales debemos tratar de superarlos.

Lo importante es no agobiarnos con lo que está más adelante, pues si te enfocas demasiado en mirar los obstáculos que vendrán mañana, seguramente no verás el que tienes por delante hoy. Cada vez que te enfrentes a un obstáculo que te presente la vida, recuerda que puedes ver en él una oportunidad para desarrollar tu carácter y tu personalidad.

Incluso puedes tomar al rompimiento como el lado positivo que tu relación necesita, el tan necesitado espacio para respirar que necesitabas.

Como he dicho anteriormente, a veces no nos damos cuenta del valor que tiene algo para nosotros hasta que lo perdemos, y esto se aplica también a las relaciones.

Si has terminado con tu pareja, entonces este puede llegar a ser el tiempo lejos del otro que necesitan para poner las cosas en perspectiva.

Tú y tu ex podrían darse cuenta de que estar juntos es algo mucho mejor que estar separados, y que lo que hay entre los dos es lo mejor que les pudiera haber ocurrido.

Entonces recuerda, hay algo positivo en todas las situaciones aparentemente adversas, a veces sólo necesitas observar con un poco más de detenimiento para descubrirlo.

Pelea por lo que quieres

Rogelio cuenta brevemente su historia: "Después de un engaño de mi parte y con doce años de casados, reconozco que mi esposa me amó profundamente, pero yo no expresaba mis sentimientos como ella quería. Luego de mi infidelidad, fui detallista unos cuantos meses después de que ella me perdonó, pero con el correr del tiempo volví a ser el mismo de siempre, caí en la rutina y olvidé los "pequeños" detalles que le dan vida a una relación.

No fue porque no me nacía hacerlo, sino porque no me acostumbré a ser así. Creo que tampoco me esforcé demasiado por aprender a regalar los detalles que eran tan importantes para mi pareja. Ahora que la estoy perdiendo me duele el alma, me duele el corazón, me duele tanto verla indiferente para conmigo y lo peor de todo es que la entiendo… ella se cansó de esperar.

En este momento estoy dispuesto a casarme por iglesia, como ella quería, ya que en reiteradas oportunidades me negué aduciendo que no creía en una ceremonia como aval para nuestro amor. Ahora que quiero hacerlo me doy cuenta que he tomado esa decisión simplemente porque la estoy perdiendo y tengo un compromiso renovado para con ella, así como una cierta estabilidad económica. La cuestión es que ahora ella es la que no quiere. ¿Qué puedo hacer?"

No cometas el error de Rogelio, quien pasó por alto el valor de su pareja, dejando los "pequeños" detalles para el final. Las mejores cosas en la vida son aquellas por las que siempre vale la pena luchar. Y para acompañar esa frase, recuerda que las cosas buenas en la vida nunca se obtienen fácilmente.

Entonces, dejando a un lado el hecho de que te he estado arrojando dichos y clichés durante todo lo que va del libro, si miras atentamente lo que acabo de decir, te darás cuenta de que todas las frases que he mencionado hasta ahora son ciertas, incluso ésta última acerca de pelear por lo que quieres.

Si tú no peleas por lo que quieres, entonces nadie podrá hacerlo por ti. Es sólo cuando decides ponerte manos a la obra y luchar por lo que deseas, que puedes incluso mover montañas.

No sirve de nada esperar a que sucedan milagros o incluso que tu ex repentinamente se dé cuenta de lo que se está perdiendo en la vida al no estar contigo, porque eso no sucederá sin que te muevas para conseguirlo.

Tal vez alguien te robó a tu amado/a frente a tus narices. Fuiste lo suficientemente tonto la primera vez para dejar que eso sucediera; no repitas el error de dejar que el "ladrón" se escape silenciosamente.

No agredas física o verbalmente a esta persona. En vez de eso, desarrolla tus planes a medida y usa toda porción de encanto, atractivo sexual y lo que sea que tengas en tu arsenal; asedia el corazón y la mente de tu ex.

Si haces las cosas bien, te darás cuenta de que estás ganando la guerra sin ser ni por un momento un ladrón de corazones tú mismo.

Necesitarás cortejar nuevamente a tu ex para que vuelva contigo, usando todo lo que tengas a tu alcance, y si eso no es suficiente, entonces busca profundo dentro de ti y usa algo más.

Si quieres volver con tu ex, si él/ella te fue arrebatado por una persona sin escrúpulos que no tiene ningún respeto por las relaciones, entonces estás en todo tu derecho de pelear por lo que alguna vez fue tuyo - ¡ponte en marcha!

Ten paciencia – podría llevar un tiempo

Junto con todo lo demás que has estado leyendo o planeando hacer, junto con todos los lados positivos que encuentres, y junto con todas las batallas que ganes, también necesitarás buscar profundamente dentro de ti y encontrar el arte de la paciencia.

Recuperar a tu ex puede llevar más tiempo de lo que puedes haber anticipado, y ceder ante la impaciencia es algo tan malo como ceder ante la desesperación. No hagas nada de eso.

Si eres una persona naturalmente impaciente, entonces aprende a controlarte. Toma control de tu impaciencia y permite que tus bien establecidos planes se desarrollen.

Usa el humor

El humor es una de las actividades más poderosas que existen, y si lo usas en los momentos en los que te sientes como si te estuvieras ahogando en tu dolor, o cuando sientas que tu actitud positiva se está escapando, o incluso cuando se te está haciendo difícil ver el lado positivo de las cosas, está garantizado que te sentirás mejor.

Excepto, por supuesto, que prefieras hundirte en tu miseria y desesperación, para lo cual probablemente deberías dejar al humor en casa.

Sin embargo, ahora hablando en serio: no hay nada mejor para alguien que ha pasado por un rompimiento que un poco de humor. Incluso un calendario que muestre un chiste para cada día podría ser lo que necesitas para darle un buen comienzo a tu día.

5

Lo que quieres hacer, y lo que deberías hacer

Sólo porque hayas terminado con tu pareja no deberías actuar de manera juvenil y hacer cosas que tu yo cuerdo y maduro no haría ni en un millón de años.

Piensa en lo que haces antes de hacerlo. Siempre es bueno mirar antes de saltar, y en este caso, esto es especialmente cierto. Una decisión tomada en caliente cuando todavía estás tambaleando por tu reciente rompimiento, de hecho probablemente no sea la mejor decisión que puedas tomar.

Tómate tu tiempo para enfriarte y pensar las cosas en profundidad antes de entrar en un modo de acechamiento. Deja a tu ex tranquilo/a hasta que puedas pensar con claridad, y hasta que ese momento llegue ocúpate en hacer algo constructivo como por ejemplo seguir adelante con tu vida.

Sal con tus amigos, haz nuevos amigos, consíguete un hobby (si no tienes ninguno), visita lugares, aprende algo nuevo, y haz cosas que siempre quisiste hacer pero para las cuales nunca tuviste la oportunidad. Este es tu tiempo de escaparte de ti mismo y de tus lamentos, así que simplemente hazlo.

Una pequeña advertencia en caso de que sigas mis consejos de "visita lugares, aprende algo nuevo, y haz cosas que siempre quisiste hacer"; hagas lo que hagas, no te envuelvas en pensamientos negativos, como por ejemplo los de que deberías estar haciendo esas cosas nuevas con tu pareja, o que sería más divertido si pudieras hacerlas con tu amado/a.

Todo eso podría ser cierto, pero por algo no están juntos, han terminado; y por otra parte, si estuviste con tu pareja por algún tiempo considerable y todavía no habías hecho nada de esas cosas que ahora forman parte de tu lista de "cosas que debo hacer", lo más seguro es que te habría llevado un tiempo muy largo llegar a hacerlas con él/ella.

Aprovecha la oportunidad que tienes para hacer esas cosas, y laméntate por tus miserias lejos de la vista pública, porque el motivo fundamental por el que deberías hacer esas cosas que mencioné anteriormente es para escapar de tus problemas momentáneamente, ¡no para mostrarlos a todo el mundo!

Sin embargo, si encuentras que no puedes lograr ni siquiera salir de tu casa por la mañana a tomar tu taza de café con algo de la panadería como siempre, o si te da pereza incluso tan sólo pensar en ver a tus amigos los domingos como siempre, en lugar de ver a tu pareja, necesitas replantear tu situación.

Y si mientras estás en este estado mental se te ocurre alguna "brillante" idea acerca de cómo volver con tu ex, te digo "¡Por favor no lo hagas!" Este tipo de ideas son probablemente las últimas cosas que quieres en tu vida, ya que la arruinarían incluso más. Relájate, deja que el mundo se desarrolle a tu alrededor por un tiempo, y sólo entonces desarrolla algunos planes definitivos.

Descritas abajo hay algunas de las ideas más ineficaces que se te pueden ocurrir, y en el peor de los casos, poner en práctica. Todas comienzan con un "No", así que ten cuidado, y por favor no pongas en práctica ninguna de ellas, ¡o cualquier cosa que pudiera ser percibida como un comportamiento anormal!

Como hasta ahora, las he escrito en forma de títulos primero, y después las he desarrollado en profundidad más adelante.

- No te conviertas en un "acechador" - ¡creo que eso realmente lo dice todo!
- No cedas ante la tentación de recriminar – únicamente generarás un desagrado hacia tu persona por parte de la gente que te rodea.
- No te quejes, no divagues ni protestes – nuevamente, no es necesaria una explicación, aunque si diré que si puedes mantenerte en el molde sería excelente.
- No hagas jugadas agresivas – no trates de ganar de nuevo a tu ex al intentar forzarlo/a; en su lugar, tómate las cosas con calma y usa el enfoque de la suavidad.
- No te conviertas en un felpudo – este es el extremo opuesto de lo anterior. No hay nada peor que puedas hacer que convertirte en el felpudo en el cual tu ex se limpie los pies al salir de su casa.
- No contactes a la familia de tu ex para averiguar cosas sobre él/ella - ¿puedes ver en qué punto esto podría conducir a tu ex a pedir una orden de restricción en tu contra, especialmente si empiezas a molestar a todos sus conocidos?
- No coquetees con los/las amigos/as de tu ex – bastante claro en sí mismo, ¿no?
- No sigas el ejemplo de "Ross" (personaje de la serie americana "Friends") – Tuve mucho tiempo en mis manos cuando mi pareja se fue a otro país por asuntos de negocios, y pasé el tiempo mirando "Friends."

No te conviertas en un acechador

Hace poco leí la siguiente experiencia real de una persona:

"Mi amigo era dueño de una empresa de construcción y conducía una camioneta pick-up entre puestos de trabajo. Muy a menudo la parte trasera del vehículo estaba llena de basura, papeles y escombros durante días. Cierta noche, y al ver tan llena de basura la camioneta, se decidió a vaciarla. Así fue que se detuvo a un lado del camino, se puso sus guantes de trabajo y al dirigirse hacia la parte de atrás, notó que había un movimiento extraño entre los escombros.

Mi amigo se acercó para investigar, y encontró a su "pegajosa" ex-novia de tres meses, escondida debajo de unas planchas de cartón mojado. Ella había estado allí todo el día. Nunca supo si pasó otros días enteros de esa manera."

Tus intenciones podrían ser puras y tu corazón podría estar lleno de esperanza, pero si comienzas a seguir a tu ex, intentando conseguir una "reunión" con él/ella, algunas personas podrían llegar a ver esto como acoso, simple y claramente, y podrías llegar a ser tildado de "acechador."

Necesitas cuidar que tus acciones no hablen más fuerte que tus palabras en este aspecto, ya que si las personas confunden tus sinceros intentos de volver con tu ex con algún tipo de acoso, entonces podrías terminar en prisión y abofeteado con una orden de restricción en un abrir y cerrar de ojos.

Dejando eso a un lado, si todavía estás sufriendo por haber terminado con tu pareja, y quieres echarle un vistazo al menos a tu ex para calmar tu corazón roto, por favor no vayas por los alrededores de su casa todas las mañanas escondiéndote entre los arbustos, esperando a poder tener una buena visión de él/ella antes que nadie.

Además de ser algo realmente horroroso, es también bastante inquietante pensar que necesitas a alguien hasta tal punto que no puedes vivir sin tan siquiera verlo/a apenas comienza el día.

Si ese es el caso, podrías intentar probar con algo de terapia para ayudarte a superar la obsesión con tu ex, o tal vez simplemente quieras empezar a despertar con una foto suya a tu lado.

Mantente alejado de hacer cosas que podrían conseguirte el título de acechador, y así podrás desarrollar mejor un plan adecuado para intentar recuperar su amor.

No cedas ante la tentación de recriminar

Exactamente, no mires ferozmente a tu ex cada vez que

se acerque al perímetro en el que estás. Y hagas lo que hagas, por favor mantente alejado de las recriminaciones totalmente innecesarias; no le hacen bien a nadie, y mucho menos a ti.

Si por siempre te dedicas a recriminarle cosas a tu ex, o también incluso a tu pareja antes de que el rompimiento ocurra, te encontrarás privado de todos tus amigos.

A nadie le gustan las personas que se la pasan quejándose y tratando de demostrar que son la persona damnificada. Si sientes la necesidad de ceder y decir algo por el estilo, contrólate.

No te quejes, no divagues ni protestes

¿Es eso lo que realmente quieres hacer?, ¿ser recordado como el ex del infierno? Aquel que nunca paraba de quejarse y protestar, hablando hasta por los codos acerca del rompimiento y como él/ella era la parte damnificada de la pareja.

Divagar, protestar e ir por ahí como un desquiciado, seguramente no te hará muchos amigos, y muy posiblemente alejará a los amigos que te quedan. ¡Y muy posiblemente también termines con una orden de restricción puesta sobre ti!

Gritarle a tu ex, ser verbalmente abusivo, o

simplemente divagar acerca de diversos temas, no te dará puntos para volver con él/ella. Mantente alejado de este tipo de comportamiento, y encontrarás que eres más feliz por ello, además de poder visualizar un camino más claro para volver a ganar a tu ex.

No hagas jugadas agresivas

Las tácticas por la fuerza no funcionarán nunca. No estás intentando captar la atención de tu ex por primera vez (¡si es que ese tipo de táctica funcionó incluso en aquel momento!), sino que estás intentando recuperarla, para que puedas reestablecer la relación.

Usa el enfoque de la suavidad. Usando miel siempre atraparás más moscas que usando vinagre, y esto se aplica también a la hora de reconquistar a tu ex.

Si te pones demasiado agresivo podrías darte cuenta de que no estás logrando nada útil; de hecho puedes incluso estar asustando a tu pareja.

Usa enfoques sutiles y pisa con cuidado a la hora de tratar de recuperar a tu ex. Lo mejor que puedes hacer al principio es tomarte las cosas con calma. Averigua cómo se siente tu ex acerca del rompimiento, y a partir de ahí trabaja para conseguir lo que quieres.

No te conviertas en un felpudo

¿Realmente quieres convertirte en la persona a la que tu ex usa para limpiarse los pies cuando salen de su casa, siempre que quieran? ¿Realmente quieres ser tratado irrespetuosamente a causa de tus pobres métodos?

No necesitas convertirte en un mártir o en un felpudo para agradarle a la gente, o incluso para que la gente te necesite. Pueden necesitarte y también sentir agrado por ti siendo asertivo, y de esa manera encontrarás que también eres respetado, al no dejar que nadie te pisotee a su antojo.

Esta no es una cuestión de ser orgulloso o no, sino de tener dignidad, fe, y la seguridad de poder hacer lo que quieras cuando quieras, sin tener que depender de nadie más para ello.

Si hasta el momento de la ruptura tu vida con tu ex ha sido un ejemplo perfecto de lo que es ser un felpudo, entonces recuerda aquellas épocas en las que estaban juntos. ¿Hubo alguna vez una chispa al menos de respeto propiamente dicho que hayas recibido? ¿Puedes recordar alguna vez en la que tu ex no te pasó por encima?

Esta no fue culpa de tu ex, sino de ti mismo, por darle a él/ella y probablemente a todo el mundo el derecho de pisotearte a su antojo cuando se sintieran con ganas.

Piensa en lo que te atrajo de tu ex en primer lugar. ¿Fue

porque te necesitaba, o porque tenía un carácter fuerte e independiente con el que te querías relacionar?

Y si todavía piensas que tu autoestima de felpudo te va a permitir volver a entablar una relación con tu ex, echa un vistazo al mundo a tu alrededor y date cuenta.

La humanidad puede haber evolucionado a vestir saco y corbata, pero eso no significa que la ley de la selva haya dejado de aplicarse. Sólo los más fuertes y preparados sobrevivirán, y en este caso, ser un felpudo no te va a poner en esa categoría.

Necesitas volverte fuerte dentro de ti mismo y tener la confianza como para poder vivir por ti mismo sin tu ex. Sólo entonces serás capaz de volver a estar con tu amado y evaluar la posibilidad de reestablecer la relación.

No contactes a la familia de tu ex para averiguar cosas sobre él/ella

Esto es algo que no debes hacer bajo ningún concepto, salvo que también la familia o los amigos de tu ex formen parte de tu círculo de amistades o familiares. Molestar a la familia de tu ex buscando información sobre él/ella para ver cómo le está yendo no será nada beneficioso para ti.

Debes saber dónde poner un límite y cuándo dejar de

ser una molestia, sobre todo para procurar conservar tu dignidad.

Contactar regularmente a la familia de tu ex para conseguir información acerca de él/ella, para saber cómo tomó el rompimiento, o para saber si está viendo a alguien más, no es la manera correcta de manejarse.

Esto puede significar un importante argumento a partir del cual tu ex puede no querer volver a verte nunca más, así que si quieres intentar volver con él/ella, te sugiero que te mantengas alejado de su familia y de preguntar sobre su vida, sin importar qué tan amistoso te hayas vuelto con su familia durante el transcurso de tu relación con esa persona.

No coquetees con los/las amigos/as de tu ex

¡Esto es simplemente Estúpido! (si, con una E mayúscula). Esto es lo último que quieres hacer, y va más en torno a la sed de venganza (o estupidez pura) que otra cosa.

Juntarte con el mejor amigo o amiga de tu ex, o cualquier amigo/a en realidad, es una manera incluso más segura de alejar a tu ex de ti. Tu ex podría llegar a perdonar a la otra persona, pero tú, por otra parte, eres un caso totalmente distinto.

Ya que la relación se acabó, nunca volverás a estar tan

alto en su lista como ese amigo/a con el/la que te has acostado. Además, tu ex probablemente estará pensando que deberías haber pensado bien lo que hacías antes de cometer tal atrocidad.

Sin lugar a dudas, has quebrado la regla fundamental acerca de nunca acostarte con los amigos de tu pareja (incluso si se trata de tu ex pareja). Esta es una gran prohibición que deberías respetar.

Incluso si no mantienes relaciones sexuales con esta persona, incluso un simple coqueteo puede arruinar todo; y si quieres volver con tu ex, ¿qué demonios estás haciendo tratando de coquetear con sus amistades?

Si por otra parte acabas de enterarte de que has sido dejado por tu pareja y todavía estás temblando por ello, puedes llegar a cometer el error de encaminarte en esa dirección.

Todo lo que puedo decir es que deberías asegurarte de que tu ex nunca se entere – lo cual es algo inútil por cierto, ya que la verdad siempre saldrá a la luz de una u otra manera –, o de lo contrario podrías ir de rodillas suplicándole perdón y prometiendo que nunca ocurrirá nuevamente.

Recuerda que seducir a las amistades de tu ex está fuera de tus límites, sin importar cuál sea la provocación, si tu objetivo en definitiva es volver con tu ex.

También, además del hecho de que hacerlo es algo simplemente tonto, lastimarás y avergonzarás a tu ex con tus acciones. No importa quién dejó a quién en este aspecto. Todo lo que importa es que has ido a estar con su mejor amigo/a tan pronto como han terminado.

Eso es algo vergonzoso y potencialmente hiriente para una persona, y no te ayudará para nada a que tu ex te mire con buenos ojos.

También hay probabilidades de que estés haciendo esto por despecho, por lo que encontrarás que la pseudo "nueva relación" que estás desarrollando no irá a ninguna parte.

O tal vez si te acostaste con el/la mejor amigo/a de tu ex para poder superar tus noches miserables, no le estás haciendo bien a nadie, ni a tu ex, ni a tu nuevo/a amante, ni a ti mismo.

Aprende a pensar siempre antes de lanzarte a hacer algo, incluso cuando estés en medio de un rompimiento. Esto te puede ahorrar muchos dolores de cabeza a fin de cuentas.

No sigas el ejemplo de "Ross"

Esta situación es realmente clásica, al menos según mi experiencia personal. Ross, de la comedia "Friends", puede haberla convertido en algo gracioso para los espectadores de televisión en todo el mundo, pero de hecho es algo que ocurre y a menudo.

¿De qué estoy hablando? Bueno, para ponerlo de una manera clara y concisa, tú y tu pareja o han terminado o están tomándose un "tiempo" el uno del otro, y entonces tú (o tu pareja) tienen una aventura amorosa con alguien más.

Puedo decirte desde este momento que no te ganarás el cariño de nadie al hacer esto. Es algo similar a la sección anterior, que se refería a no coquetear con las amistades de tu ex, pero se expande, por así decirlo, para abarcar a más personas.

En pocas palabras, si recién has terminado la relación, necesitas tomarte un tiempo para relajarte y pensar las cosas antes de tomar cualquier tipo de acción o decisión.

Seguramente lo último que deberías hacer es tener una aventura loca de una noche apenas ocurre el rompimiento. Emborráchate salvajemente si es necesario, pero mantente alejado de miembros del sexo al que te sientas atraído – podrías hacer algo por lo que te puedes llegar a arrepentir más adelante.

6

Lo que puedes hacer para volver con tu ex

Esta sección está dedicada a esas cosas que puedes hacer de manera legítima para recuperar el amor de tu ex pareja. La palabra clave en esta parte es "legítima". Si haces algo que pueda llegar a ser visto como con intenciones ocultas o rencorosas, puedes ir despidiéndote de la idea de la reconciliación.

Lo único que puede ayudarte a recuperar a tu pareja, además de estos consejos e ideas, por supuesto, es ser honesto contigo mismo, y determinar si eres sincero acerca de tu deseo de volver a estar con tu ex pareja.

Debajo hay una lista de las varias cosas que considero

importantes para ti para que pienses a la hora de tratar de reestablecer tu relación rota.

Por supuesto que habrá más cosas que se te ocurran con el tiempo, pero ya que algunas pueden resultar más o menos personales que las aquí mencionadas, las dejo a tu criterio y responsabilidad.

Si estás en duda acerca de lo que deberías hacer y lo que no, entonces échale un vistazo rápido a este libro; encontrarás la guía que necesitas en algún lugar del mismo.

A partir de una necesidad, la lista de cosas que deberías hacer es mucho más larga que aquella de las cosas que no deberías hacer, por suerte para ti – ¡de otra manera podrías encontrarte sin ideas para usar a la hora de tratar de recuperar a tu amor perdido!

Como lo he mencionado anteriormente, primero están en un formato de títulos o avances, para que puedas darte una buena idea acerca de lo que se trata el tema, y posteriormente se encuentran en un formato mucho más detallado (inmediatamente después de los avances).

- Sé tú mismo – no existe algo que pueda reemplazar el hecho de que seas tu mismo. Tratar de ser alguien más o procurar ser diferente no es la manera de formar una relación estable.

- Dale a tu ex algo de espacio para respirar – hay una gran probabilidad de que tu ex sólo necesite algo de espacio para sí mismo/a. Dale eso que necesita sin presionarlo/a; no puedes mantenerlo/a encerrado en la palma de tu mano por siempre.
- Muestra tu lado bueno – puedes haber sido tildado como alguien malo, o como un apestoso hijo de p..., pero eso no quiere decir que tengas que vivir siguiendo esas palabras.
- Muéstrale a tu ex esa parte de ti que rara vez es vista por otras personas, y observa cómo vuelve a sentir atracción por ti como antes.
- Solucionen sus problemas – Si tu relación terminó debido a los problemas que estaban teniendo tú y tu pareja, o porque fuiste incapaz de resolver algunos problemas internos, entonces trata de resolverlos como primera medida, incluso antes de intentar llevar a cabo una reconciliación.
- Cierra la boca – mi abuela siempre decía que si no tenías nada agradable para decir de alguien, no te molestaras. Estoy de acuerdo con eso, y creo que también debería formar parte de una relación, incluso si está rota.
- El orgullo tiene su lugar – aprende a saber cuál es. El orgullo no será siempre bien considerado, pero en el caso de las relaciones rotas, el orgullo podría ser lo único que todavía los mantenga unidos.
- Súplica elegante –Basta con decir que puedes dejar a un lado tu orgullo y volver suplicando,

pero de una manera en la que tu dignidad no se vea afectada.

- Trata de estar alegre – lo último que quieres hacer es ir por ahí haciendo que los demás se sientan miserables por ti. Trata de ser feliz al menos una vez al día, y pronto te darás cuenta de que tu sonrisa va a aparecer más a menudo y naturalmente.
- Mantén las cosas en un tono amistoso - si realmente quieres volver con tu ex, entonces trata de mantener la relación entre ustedes de una manera amistosa. Apenas se convierta todo en una lucha de gritos, tendrás que trabajar mucho más duro para tratar de que las cosas vuelvan a estabilizarse.
- Recuerda los momentos felices, si existieron – compartes algunos recuerdos felices e íntimos con tu ex pareja; úsalos a tu favor, asegurándote de que él/ella también los recuerde bien.
- Haz que tu ex se sienta especial - ¿quién sabe?, tu ex podría haberse sentido menospreciada por tu marcada atención hacia tus amigos o hacia tu trabajo. O tal vez después de que se agotó el glamour de los primeros tiempos las cosas se volvieron más rutinarias. Descubre qué cambiar para mostrarle a tu ex que piensas en él/ella y que lo/la consideras una persona muy especial.
- Usa todo lo que tienes para recuperar a tu ex – lo único que realmente funcionará es que uses todo lo que tengas a tu disposición para conseguir este propósito.

- Los celos pueden funcionar – a veces. Te enseñaré la manera correcta para que los celos no sean contraproducentes y cómo ser cuidadoso al usarlos como herramienta para que tu ex vuelva a ti.
- Vuelve a empezar, desde el principio – Descubre cómo reavivar la relación empezando desde el principio, cuando la magia todavía estaba intacta.
- Y si todo lo demás falla, prueba con la humilde honestidad – no hay nada más atractivo que una persona humilde, honesta, y sincera de verdad. Puede sonar como algo sacado de una novela, pero no, en realidad funciona de maravillas cuando todo lo demás no tiene éxito.
- Prueba con un consejero de parejas – cuando finalmente captes la atención de tu ex pareja, y su voluntad para colaborar a la hora de intentar reestablecer la relación, puedes probar con algún tipo de consejería o terapia de pareja; puede ayudar a resolver las cosas más rápidamente.

Sé tú mismo

Intenta simplemente ser tú mismo por una vez. Sé que muchos de nosotros mostramos distintas personalidades para las diversas personas con las que interactuamos (y no, esto no se trata acerca de un problema de personalidades múltiples, sino de algo que es completamente normal), pero podrías querer intentar ser la persona por quien tu ex se sintió atraído/a en primer lugar.

Tu ex puede haber visto algo acerca de ti que le atrajo y que no necesariamente tenías, porque formaba parte de la personalidad que mostrabas al resto del mundo.

Quítate todas las fachadas y máscaras que usas para enfrentarte al mundo exterior y preséntate a ti mismo frente a tu ex, tal como eres, como la persona que fuiste cuando él/ella se sintió atraído/a hacia ti por primera vez.

No necesitas expresarlo en tantas palabras, por supuesto; sólo deja que tus acciones hablen por sí mismas, permitiendo que un estilo más relajado y natural se manifieste cuando tu ex está cerca de ti, para que así pueda ver una vez más a la persona por la cual sintió atracción alguna vez.

Te darás cuenta de que incluso estás más relajado cuando no estás tratando de ser alguien más, cuando no estás intentando ser alguien que en realidad no eres.

Si todavía no me crees cuando digo que todos usamos máscaras distintas para interactuar con diferentes personas, solo tómate un tiempo para pensar en la última vez que hablaste con tus padres. Después piensa en la última ocasión en la que hablaste con tu mejor amigo, con tu jefe, con tus compañeros de trabajo, etc.

En ningún momento les hubieras hablado del mismo modo a estas diferentes personas, y eso es por la muy buena razón de que reaccionas distinto frente a cada situación, e interactúas con cada persona de manera diferente, desarrollando tus conversaciones para que sean compatibles con la persona con la que estás hablando.

Dale a tu ex algo de espacio para respirar

He mencionado esto anteriormente en este libro, y finalmente he decidido otorgarle una sección especial al asunto. Dale a tu ex algo de espacio para respirar.

Si has sido pesado o te has mostrado muy necesitado sin malas intenciones, si has usado tácticas demasiado agresivas, o si has estado sofocando a tu pareja con tus ideas acerca de un futuro compartido, hay una buena probabilidad de que hayas tenido mucho que ver con el rompimiento, habiendo alejado a tu ex.

Todos necesitan algo de tiempo para estar solos. Ser parte de un dúo o pareja no significa que tengan que estar juntos todo el tiempo como si estuvieran pegados.

De hecho, tu ex no es la única persona que necesita tiempo y espacio para sí mismo. Tú también lo necesitas.

Si sientes que no es así, requieres salir más e interactuar con otras personas. Salir a hacer las compras o trabajar en una oficina atestada de gente no funcionará.

Ambos necesitan pasar algo de tiempo de relajación lejos del otro, y ambos necesitan hacerlo de manera regular, no sólo cuando las cosas llegan al punto de la crisis.

Si por otra parte los problemas ya se han presentado, deberías disminuir el "acoso" hacia tu ex. Dale algo de espacio para que pueda respirar, y para que pueda tomar una decisión sin tenerte encima todo el tiempo.

Si te das cuenta de esto, y sigues esta regla, con el paso del tiempo no sólo estarás más cómodo con tu relación, sino que tu pareja también se encontrará más a gusto, y habrá menos posibilidad de que necesite urgentemente escaparse de ti para encontrar algo del espacio que tanto le hace falta.

A la hora de lidiar con este tipo de situaciones después de un rompimiento, esta vez deberías hacerlo paulatinamente. Dale a tu ex el espacio que necesita para recuperar su cordura, y entonces acércate de vez en cuando a él/ella para evaluar si está más calmo como para charlar sobre el asunto de manera más tranquila.

Si lo está, siempre tienes la opción de mostrarle a tu ex – las palabras no siempre funcionan – que sabes cómo ser adulto y maduro, y cómo darle el espacio que necesita para poder vivir su propia vida.

Cierra la boca

En este punto, el dicho "si no tienes nada bueno que decir sobre alguien, mejor no digas nada" tiene gran importancia.

Si no tienes nada bueno para decir sobre tu ex, y todo lo que viene a tu cabeza cuando piensas sobre él/ella son cosas indecentes, necesitas mantener tu boca cerrada.

Si ésa es tu reacción ante el rompimiento, entonces existe la posibilidad de que vayas a decir algo que realmente no sientes, algo por lo que no puedes retractarte.

Lo que se dice desde el enojo puede ser más hiriente que todo lo demás, incluso si no es verdad, porque son palabras elegidas con precisión para causar el mayor daño posible. Así que mantén la boca cerrada si en algún momento sientes las ganas de decir algo poco agradable.

Es posible que te arrepientas de la mayoría de las cosas que vayas a decir casi apenas las dices, y para ese momento me temo que no existe vuelta atrás. Necesitarás algo más que unas simples disculpas para volver a neutralizar la situación con tu ex.

De hecho, es mejor guardarte para ti mismo cualquier cosa desagradable que puedas estar pensando de tu ex, sin importar si quieres volver a estar en una relación con él/ella o no.

Termina la relación en términos amistosos, si esto es posible, sin resentimientos. Esa es realmente la mejor solución que podría haber, si puedes soportarla.

Y si sientes la necesidad imperiosa de lastimar verbalmente a tu ex en algún modo, entonces deberías mantenerte alejado de él/ella. De otra manera seguramente te encontrarás cediendo tarde o temprano ante todo ese odio que se encuentra dentro de ti.

Si ves que pasa el tiempo y no disminuye el dolor o el enojo que estás sintiendo, podrías incluso buscar el consejo de algún terapeuta para ayudarte a resolver este problema sentimental que estás teniendo.

Este tipo de actitud puede incluso convertirse en autodestructivo, y si no tienes acceso a nada ni nadie sobre lo que puedas descargar tu odio, podrías darte cuenta de que a fin de cuentas lo terminas dirigiendo hacia ti mismo.

Antes de terminar con esta sección, también me gustaría decir que si tus pensamientos son de ésta índole cada vez que ves a tu ex, ya sea que quieras escupirle en la cara o decirle lo que realmente piensas, entonces tal vez podrías querer reconsiderar tu decisión de tratar de volver con él/ella.

Si este es el caso, entonces obviamente hay algunos

sentimientos negativos muy fuertes en ti, y hasta que los resuelvas, no deberías intentar volver a la misma relación.

Si es así, mantén tu boca cerrada y di solamente cosas buenas acerca de tu ex. O algo incluso mejor, no digas nada. De esta manera, no solamente estás evitando lastimarte a ti mismo y a tu ex con tus palabras de odio, sino que también estás preservando a tu dignidad.

El orgullo tiene su lugar – aprende a saber cuál es

Así como lo acabas de leer, el orgullo sí que tiene su lugar... ¡y la mayoría de las veces se trata del cesto de la basura! Debes haber oído mencionar el dicho "El orgullo crea un frío compañero de cama", o incluso "El orgullo precede a la caída."

Bueno, esos dichos son verdaderos. El orgullo realmente no tiene lugar en una relación, e incluso puede destruirla más rápido de lo que te lleva pestañar. De hecho, el orgullo y los celos pueden ser los dos principales factores por los que una relación puede fallar, y necesitas entenderlo.

Mientras estás en medio de una relación buena y estable, el orgullo no debería tener un lugar en tu corazón. Junto con los celos, necesitas tirarlo hacia fuera de la ventana (más acerca de esto en la sección "Los celos pueden funcionar – a veces").

El orgullo puede inducirte a hacer cosas que no harías normalmente, y para detener eso, necesitas mantenerlo fuera de tu relación. Si sientes que algo no está del todo bien, o si haz cometido un error en el camino, entonces trágate tu orgullo y platica las cosas con tu pareja.

Compensa a tu ex por cualquier situación que haya salido mal, y muéstrale que realmente te importa lo que piensa. Muéstrale que lo/la necesitas para llegar lejos, que su ayuda y asistencia es muy apreciada por ti.

No dejes que el orgullo te reprima, y no permitas que determine tus acciones, sino de otra manera y a fin de cuentas, el único culpable si las cosas se desvían de tus planes vas a haber sido tú.

Por otra parte, después de haber terminado con tu pareja, te darás cuenta de que el orgullo toma una dimensión importante en tu vida, ya que puede ser lo único que te ayude a superar esos tiempos difíciles al principio, cuando lo último que quieres es tener que enfrentar a tu ex, probablemente junto a su nueva pareja, y los ojos curiosos de todo el mundo.

El orgullo y la dignidad te harán atravesar muchos momentos duros emocionalmente en público, cuando lo último que deseas es quebrarte y empezar a llorar en público ante la vista de tu ex con su nuevo amante.

Sí, el orgullo puede salvar tu maltrecha confianza en ti mismo y ayudarte a superar los días nublados, pero también necesitas saber cuándo dejarlo guardado. Cuando deja de ser una especie de muleta y se convierte en parte de ti, te das cuenta de que has cometido un error en alguna parte del camino.

Si quieres recuperar a tu ex, entonces te va a ir mejor si usas el orgullo solamente para ayudarte a superar los primeros momentos después de la ruptura, cuando todavía estas procesando las cosas y aprendiendo nuevamente a enfrentarte a hacer las cosas siendo "uno" otra vez, en vez de ser parte de "dos".

Esopo, el famoso fabulista griego, dijo: "Nuestro carácter nos hace meternos en problemas, pero es nuestro orgullo el que nos mantiene en ellos."

Tu mejor aliado en realidad no es el orgullo, sino la dignidad. Aunque el orgullo te puede llegar a sacar casi instantáneamente de tu propio infierno, la dignidad te ayudará a encaminarte nuevamente de una manera en la que una envoltura de orgullo nunca podría.

El orgullo también puede dificultarte mucho las cosas a la hora de intentar recuperar a tu ex pareja. Puede impedirte hacer una vasta cantidad de cosas, como el ser humilde, admitir ante tu ex que todavía lo/la quieres y necesitas, o incluso puede impedirte realizar la acción adecuada en el momento correcto.

Súplica elegante

"¿En serio?", puedo escuchar de la mayoría de ustedes, mientras miran el título con total incredulidad. Después de todo, lo último que deberías hacer (según lo que has escuchado por ahí) es volver a tu ex de rodillas, suplicando.

Y esa indicación es correcta – hasta cierto punto. A menos que hayas cometido pecados atroces y muy graves en tu relación (por los cuales únicamente podrías ser perdonado si pides perdón suplicando de rodillas), no supliques.

No puede haber nada más cansador y que de tanta pena como mirar a una persona arrastrándose por el barro para volver con su ex. No deberías arrastrarte por el barro, sino tal vez por un campo lleno de oro o flores.

Si suplicar va a ser algo que funcione, necesitas hacer de la súplica algo que exprese tu mensaje perfecta y claramente, sin provocar un efecto de repulsión por parte de tu ex. Lo último que puedes querer es mostrarte débil ante él/ella.

Suplicar para que te dejen "entrar" a tu relación anterior, o suplicar para que tu ex vuelva contigo puede ser realizado mediante el simple hecho de invitarlo/a a una cena amistosa, contigo pagando la cuenta, por supuesto.

Tal vez tienes una entrada o dos para un concierto, o

tal vez incluso entradas para su espectáculo favorito; lo que sea, puedes usarlo como medio para volver a entrar en la vida de tu ex.

Busca algo que sabes que le gusta a tu ex pareja. Si es necesario, remueve cielo y tierra para conseguirlo. Con esta actitud le demostrarás que lo conoces, que sabes lo que le gusta, lo sorprenderás y harás que se pregunte muchas cosas en su interior.

Estas no son tácticas de súplica del estilo lamentable que pueden hacerte ver como alguien muy necesitado, sino que son tácticas diseñadas para suplicar sin parecer alguien débil.

Además, un rechazo ya fue suficiente, ¿no te parece? A veces un poco de súplica elegante es todo lo que puedes soportar hacer después de haber sido rechazado anteriormente.

Trata de estar alegre

Así que terminaste con tu pareja. ¿Es esa una razón para que te estés lamentando miserablemente y para que arrastres a los que te rodean hacia tu negatividad?

Todos sabemos que la miseria ama la compañía, pero eso no te da derecho a sentirte miserable e infeliz todo el tiempo. No puedes ser por siempre un montón de canciones tristes, recriminaciones y llantos.

Sin dudas nadie va a querer enfrentarse a alguien así, y puedes estar seguro de que la emoción más amable que podrías llegar a provocar en tu ex, o en cualquier otra persona, es lástima; lástima por esa criatura miserable en la que te has convertido.

¡Procura tener algo de dignidad! No te escondas tanto del radar de detección de humanos normales, o de otra manera cuando finalmente vuelvas a la superficie, ¡nadie va a tener idea de quién eres o de qué hacer contigo!

Bueno, no necesitas ser un mar de sonrisas dulces y encanto, pero si le preguntas a cualquiera, te darás cuenta de que cualquier cosa es mejor que las lágrimas, las caras tristes y los tonos de voz miserables.

Contrólate y trata de unirte una vez más a la raza humana tan pronto como te sea posible. Lamentarte por tu situación podría ser algo normal durante los primeros días u horas, pero después de eso, simplemente ya no tiene sentido.

Además, si tu idea es la de recuperar a tu ex, te puedo asegurar que lo último que él/ella podría querer, es volver a entablar una relación con la criatura miserable en la que te has convertido.

Mantén las cosas en un tono amistoso

Intenta (en la medida que te sea posible) que las cosas entre tú y tu ex no se conviertan en una batalla de gritos, o incluso peor, en algo que pueda parecerse a una zona de guerra. Trata de que las cosas se mantengan en un terreno amistoso, incluso si tu ex ya tiene una nueva pareja.

Tratar a esta nueva persona que ha entrado a la vida de tu ex como la mugre que hay en las suelas de tus zapatos, o tratar a tu ex como si fuera una persona horrible por atreverse a buscar la felicidad nuevamente no te va a servir.

Creo que lo mencioné anteriormente, pero incluso si te estás muriendo por dentro, incluso si puedes sentir el suelo bajo tus pies moviéndose a medida que tu mundo gira sin parar, no permitas que las cosas entre tú y tu ex pareja se transformen en amargura y recriminaciones constantes.

Si tu meta definitiva es volver con tu ex, entonces nada de eso te ayudará a hacerte querer nuevamente por él/ella. En vez de eso, probablemente aprendan a despreciarte por actuar como un tonto.

Aléjate de los insultos, de las malas palabras, y de la divulgación de rumores constantes acerca de qué tan malo/a era tu ex, y encontrarás que eres una persona más feliz.

En última instancia, si terminas por no volver con tu ex pero seguiste las indicaciones, no tendrás que vivir lamentándote el haber hecho algo tan monumentalmente estúpido como rebajarte a un nivel que nunca creíste posible.

Recuerda los momentos felices, si existieron

Es aconsejable que esperes al menos unas semanas o algunos meses antes de intentar esto, e incluso si tu ex ha seguido adelante y ahora está con otra persona, todavía puedes intentar avivar cualquier sentimiento que él/ella pueda seguir sintiendo por ti usando este método.

¿Y cómo se puede hacer esto? Bueno, la mejor manera que he encontrado para hacer algo así, es tratar de recrear el momento en el cual ustedes se conocieron o salieron por primera vez.

Si fue un buen momento, entonces probablemente tengas una táctica ganadora entre manos, porque es posible que haya buenas emociones asociadas a ese momento por parte de ambos.

O incluso puedes tratar de recrear el ambiente y el momento en el cual te diste cuenta por primera vez que estabas enamorado, o tal vez también el momento en el cual ustedes se convirtieron en amantes por primera vez.

Si por cualquier razón no puedes hacerlo, no tienes por qué recrear exactamente el recuerdo al que estás apuntando; en algunos casos eso puede llegar a ser imposible, pero puedes rememorarlo de alguna manera usando incluso un par de palabras, alguna canción que haya estado sonando en ese momento, o incluso yendo a algún lugar al que hayan ido juntos.

Incluso algo tan inocente como un chiste puede reavivar un recuerdo compartido; y necesitas aprovechar al máximo estas pequeñas cosas.

Marcel Proust (1871-1922), escritor francés, dijo: "Ciertos recuerdos son como amigos comunes, saben hacer reconciliaciones."

Los recuerdos compartidos son algo muy poderoso y pueden traer de nuevo sentimientos de amor y de felicidad; usa esto para tu beneficio. Incluso una pequeña muestra de contacto físico, como una caricia, que pueda ser casual o cuidadosamente planeada, puede hacer que los recuerdos vuelvan por montones inmediatamente.

Recuerdos conmovedores

Los recuerdos están bien, pero después de todo son únicamente eso, recuerdos, algo que está en el pasado. Para hacer que todos los recuerdos valgan, para hacer que el momento sea especial, entremezcla tus palabras y gestos con pequeños toques y caricias aquí y allá.

Tienes que hacer que todo parezca completamente natural; como si te fuera imposible dejar de ser la persona que eras cuando estaban juntos, luego de todo ese tiempo que estuvieron juntos y aprendiendo el uno del otro.

Haz que tocar su brazo o mano sea lo más natural del mundo. No te conviertas en un acosador o manoseador; eso seguramente generará una mala opinión de ti, pero un pequeño toque cuando estas tratando de expresar una idea, o cuando quieres mostrarle algo a tu ex, puede funcionar de maravilla para ti.

Y si todo lo que necesitas es un rápido contacto físico para hacer llegar tus sentimientos hacia tu ex, úsalo como una ventaja. Usa lo que tenías con tu ex, tu conocimiento acerca de él/ella, para hacer que tu tarea de intentar recuperarlo/a sea más fácil.

Haz que tu ex se sienta especial

A todo el mundo le gusta sentirse amado y especial. Ser necesitado es uno de los factores fundamentales que determinan la vitalidad de una relación.

Si uno de los dos involucrados en la relación no se siente tan especial o amado como solía hacerlo, puedes estar seguro de que la persona que se está sintiendo dejada de lado empezará a buscar esas cosas que le faltan en otro lugar.

La mayoría de la gente permanece en una relación principalmente porque está recibiendo algo de ella que no recibiría si estuviera con otra persona distinta, y la mayoría de las veces eso que se recibe es la sensación de ser necesitado por el otro.

Apenas quitas esa sensación, estás creando problemas potenciales a futuro. Así que, en este caso, no importa si terminó tu relación porque tú o tu ex sentía esa necesidad, o si fue por algo totalmente distinto.

Un poco de cariño y afecto nunca vienen mal, y puedes lograr bastante al mostrarle a tu ex que todavía te importa y que lo/la necesitas.

Usa halagos si es necesario para hacer que tus ideas y sentimientos lleguen al otro lado, siempre y cuando seas sincero. Apenas comienzas a fallar en el aspecto de la sinceridad, comenzará a fallar cualquier entendimiento que hayas conseguido alcanzar con tu ex.

Hacer que esa persona se sienta querida no es tan complicado, y si eres sincero acerca de lo que estás haciendo, esto se manifestará a través de tus pensamientos, acciones y gestos.

Por otra parte, si simplemente haces lo necesario para mostrarle a la otra persona que la quieres o la necesitas, pero no lo acompañas de sinceridad, seguramente tus intentos para reavivar la relación fracasarán, porque eventualmente la verdad saldrá a la luz, y tu falta de honestidad brillará de manera inconfundible.

Si necesitas a esa persona, entonces permite que ese sentimiento se manifieste en todo lo que haces. Si por otra parte, realmente no necesitas a esa persona sino que simplemente usas mentiras para volver con ella, entonces podrías enfrentarte a otro final estrepitoso en algún futuro no muy lejano.

Usa todo lo que tienes para recuperar a tu ex

Llegó la hora, el momento de la verdad se acerca y necesitas usar todo lo que tienes en tu arsenal para captar la atención de tu ex. Usa una forma agresiva, usa un método sutil, o en definitiva lo que funcione, sólo asegúrate de captar su atención a toda costa.

Y cuando al fin tengas su atención, aprovéchala completamente para tu beneficio. Por ejemplo, si lo/la has invitado a una cena o almuerzo amistoso, entonces juega tus cartas correctamente.

Usa el lenguaje corporal para mostrarle lo que se está perdiendo; toques sutiles y suaves como una pluma en su brazo o mano, como si lo estuvieras haciendo inconscientemente; eso puede crear un ambiente muy íntimo.

Si tienes un perfume o loción corporal que le guste a tu ex, entonces no dudes en usarlo. No te vayas al extremo abusando de la fragancia; úsala con sutileza, ésa es la clave.

Haz buen uso de cualquier tipo de recuerdos compartidos que puedan tener del lugar al que están yendo, porque obviamente deberías haber elegido un lugar así justamente por eso.

Si estás acostumbrado a preguntarle o a compartir cosas acerca de varios aspectos de tu vida personal o profesional, entonces hazlo también ahora, al menos durante la conversación.

Tienes que hacer sentir a tu ex necesitado/a y querido/a. Procura que sienta que quiere compartir nuevamente ese vínculo especial que los unía.

Lo más probable es que todavía no hayan construido el mismo tipo de vínculo con otra persona en tan poco tiempo comparado con lo que existía contigo. Haz todo lo posible para resaltar ese hecho.

Básicamente necesitas hacer valer cada segundo que pases con tu ex, aprovechándolo todo al máximo.

Los celos pueden funcionar – a veces

Los celos son en realidad lo último que quieres tratar de generar en el corazón de tu ex. Son una serpiente de dos cabezas, que seguramente intentará morderte cuando no estás prestando atención, especialmente si usas la jugada de los celos frecuentemente.

Un ejemplo que viene al caso es el de mi segunda pareja, la cual yo creía que era mi alma gemela. Estaba equivocada, pero esa experiencia me dejó lista para encontrar a mi verdadera alma gemela, y los celos fueron una de las razones por lo cual eso ocurrió.

En ese caso, mi pareja era la parte celosa y fastidiante de mi relación actual, mientras que en la relación que había tenido anteriormente (la primera), me había dado cuenta de que yo era la celosa y pesada, insegura acerca de todo y todos.

Lo que ocurrió fue muy sencillo. Al ser la persona más "fuerte" en esa relación, finalmente terminé por cansarme de ser la que siempre debía llevar la adelante.

También estaba en el lugar perfecto para darme cuenta de porqué mi relación anterior había fallado y nunca llegó a ningún lado. Mi segunda pareja actuaba casi de la misma manera en la que yo actuaba en mi primera relación, ¡y te puedo asegurar que era algo agradable de ver!

La inseguridad en nuestra relación (sumada a la poca

habilidad de mi pareja para mantenerme interesada o atraída en lo absoluto) había sacado a relucir todas las peores cualidades de mi pareja.

Y esto se manifestaba en la forma de celos y comportamientos molestos (como el de no querer que me fuera a donde él no pudiera verme), y más que nada, una voluntad para hacer todo lo que fuera posible para mantenerme en la relación.

Naturalmente, eso se volvió en su contra, ya que primero que nada, el hecho de que siempre estuviera celoso o sospechara de mis movimientos no me caía demasiado bien.

Recuerda siempre que tu pareja necesita espacio para moverse y respirar, así que dáselo. No lo/la trates como si estuviera atado a una correa muy corta, ya que esto a fin de cuentas se volverá en tu propia contra.

En segundo lugar, no me gustaba que intentara ponerme "en mi lugar" cuando él creía que me estaba alejando de él. Tampoco me gustaba que me amenazara con lo que sucedería si no le daba más atención a la relación.

Y lo más increíble de todo esto era que nada de lo que mencioné fue dicho en tantas palabras, sino que era expresado a través de pocas y contadas palabras, bien elegidas, y algunas acciones específicas. La jugada de los celos, sin embargo, fue lo que llevó las cosas hacia su final.

Algo que escapa a mi entendimiento es cómo alguien puede creer que celar a su pareja mientras todavía está en una relación es bueno, sin embargo debo decir que yo también he usado esta estrategia de manera muy ingenua anteriormente y me ha provocado mucho dolor.

Toma nota: la jugada de los celos no es una que debas usar mientras estás en una relación estable, nunca. Solamente alimenta problemas, o mejor dicho, crea problemas que no existían en un principio.

Por eso es que François de La Rochefoucauld (1613-1680), otro escritor francés, dijo: "Los celos tiene que ver más con el ego que con el amor verdadero."

Hay unas pocas ocasiones en las cuales la jugada de los celos puede funcionar de maravilla, y todas ellas suelen suceder si tu relación ya ha terminado. Incluso en tal situación necesitas ser cuidadoso con cómo la utilizas, ya que todavía puede volverse en tu contra cuando no estás atento.

Úsala de vez en cuando si sientes que es necesario, y hagas lo que hagas, si quieres volver con tu ex, no hagas un uso excesivo de ella. Lo que necesitas aquí es el enfoque de la sutileza.

Necesitas mostrarle no tanto que has seguido adelante

con tu vida, sino que alguien más te está haciendo feliz.

Sé delicado con esto, y asegúrate de que tu ex no se sienta mal cuando lo hagas. Recuerda que quieres atraerlo/a; no repelerlo/a.

Vuelve a empezar, desde el principio

También puedes intentar volver a empezar, yendo hacia el principio otra vez. En otras palabras, trata de manejar la situación para que puedas estar a su lado nuevamente.

Algo acerca de ti debe haber encendido una chispa en la otra persona alguna vez, y si puedes volver a encender esa chispa ahora, entonces tienes una posibilidad de poder cumplir con tu objetivo, y reestablecer la relación.

A veces este enfoque de tratar de manejar las cosas desde el punto de vista de un primer encuentro recreado puede ser atractivo para tu ex. Para hacer esto ni siquiera tienes que preparar las cosas de antemano ni haberle dicho antes que deseas volver con él/ella.

Todo esto solamente puede ayudar a tu causa y no entorpecerla, a menos que tu ex no se sienta demasiado generoso/a en ese momento o que el rompimiento no haya sido amistoso. En ese caso entonces, ¡tomarlo/a por sorpresa puede ser tu mejor opción!

De todas maneras, necesitas planear las cosas con una precisión militar para que todo vaya de acuerdo a lo esperado, lo más perfectamente posible.

Por ejemplo, si estás intentando recrear tu primera cita con esa persona, ¡entonces necesitarás planear y poner en marcha tus estrategias de tal manera que tu ex también forme parte de ellas!

Realmente es inútil si arreglas todo bien para darte cuenta a último momento que el componente clave está faltando, ¡tu ex!

Si vas a hacer esto, usa enfoques encantadores y de buen gusto. Los enfoques agresivos no están permitidos en este tipo de situación, ya que estás intentando recrear un ambiente originado en el pasado para reavivar el romance con delicadeza, ¡no estropearlo!

Y si todo lo demás falla, prueba con la humilde honestidad

Exacto, a veces cuando todos los artilugios y trucos de este libro han fallado, te darás cuenta de que la sencilla y humilde honestidad puede funcionar. Sin embargo, para hacer esto, necesitas hacer a un lado tu orgullo, porque vas a ser el que tome la iniciativa.

Vas a ser el que vaya a buscar a tu ex, y si no es de

rodillas, entonces será con tu sombrero en la mano y con mucha esperanza en tu corazón. Esto es algo muy difícil de hacer por la simple razón de que exponer tu corazón y alma de esta manera te deja muy abierto al rechazo, y eso es lo último a lo que te quieres someter tras haber sido rechazado anteriormente.

Sin embargo, si puedes conseguir la voluntad para hacer esto, si puedes volverte verdaderamente humilde, si eres sincero acerca de tus esfuerzos y sentimientos, tendrás una buena chance de poder recuperar a tu ex.

¿Y cuál es la clave para esto, para recuperar a tu ex pareja con tu humilde honestidad y sinceridad? La clave es no esperar nada a cambio cuando te aventuras en tu cruzada. La esperanza es lo único que deberías llevar contigo.

Expectativas acerca de cómo resultará tu encuentro con esa persona, suposiciones acerca de cómo tu comportamiento humilde le mostrará lo buena persona que eres, o de cómo tu sencilla honestidad y sinceridad hará que tu ex vuelva arrastrándose de rodillas hacia ti no funcionarán, porque realmente no estás siendo humilde, solamente estás haciendo de ser humilde un espectáculo, y esto se notará instantáneamente.

Prueba con un consejero de parejas

Si alguna vez llegas al punto en el que puedes hablar

libremente con tu pareja acerca de la idea de volver a estar juntos en una relación, o si ambos están tirándose indirectas mutuamente acerca de volver a ser pareja, podrías intentar probar con un consejero de parejas.

Realmente funciona, y si ves que ya has llegado tan lejos junto a tu ex, podrías estar teniendo una buena posibilidad de conseguir el objetivo de reavivar la relación.

Un tercero que pueda escucharles y aconsejarles dando su punto de vista profesional siempre ayudará, pues les hará ver su relación de pareja de manera objetiva, con lo cual aprenderán a solucionar sus problemas de formas que antes no podían ver.

Sólo recuerda que si en cualquier momento o de cualquier manera tu ex te da a entender que él/ella está listo/a para hacer las paces contigo, o incluso para volver a estar en una relación contigo, actúa rápidamente de la mejor manera posible para asegurarte la victoria.

Y si todo lo demás falla, y ustedes dos todavía están tratando de arreglar las cosas, deberías tratar de ser lo más abierto posible, ya que existe la posibilidad de que puedas expresarle directamente a tu ex qué es lo que te hace falta de él/ella, y que te gustaría volver a estar junto a él/ella.

A veces el enfoque directo funciona mucho mejor que

el enfoque indirecto y sutil. Ya que tú eres el que está moviéndose para conseguir volver a la relación, dependerá de ti decidir cuál puede llegar a ser el mejor método para hacerlo.

Si sabes que tu ex no responde demasiado bien a la sutileza, trata de aplicar el enfoque agresivo, o si tu ex prefiere la franqueza en una persona, también puedes usar el enfoque agresivo.

Lo que no funciona es que a tu ex le desagrade manifestar las cosas abiertamente; que le guste intercambiar tan pocas palabras como sea posible con tal de expresar sus intenciones y sentimientos por una persona.

Usa tu juicio para determinar cuál es la decisión correcta a tomar en esta situación.

Pero te darás cuenta de que un poco de honestidad puede ser de gran utilidad, y tu ex puede apreciar más que le hables directamente y le expreses tus ideas acerca del asunto. Cuéntale que tú crees que un consejero de parejas podría ser capaz de ayudar a que la relación se reestablezca para que ambos vayan por el camino correcto.

También necesitas tener en mente que lo último que pueden querer algunas personas es visitar a un terapeuta, así que con respecto a este punto también deberías usar tu juicio personal para determinar qué es lo que debes hacer.

7

El sexo, ¿usarlo o no?

En realidad, el título de esta sección debería ser "El sexo: cuándo usarlo y cuándo no", porque sin lugar a dudas todos usamos el sexo como un arma en algún momento u otro.

Lo que determina si fue usado correctamente es si fue usado en el momento justo y de la manera adecuada.

Por ejemplo, el sexo de reconciliación puede ser genial – siempre y cuando todavía estés con tu pareja y lo único por lo que estás tratando de reconciliarte es por una discusión que tuvieron anteriormente. Si ese es el caso, puedes usar cualquier tipo de munición que tengas a tu disposición para conseguir que tu pareja vuelva a estar de buen humor contigo.

Si por otra parte, han terminado, o has decidido que tu relación necesita algo de espacio para definirse, entonces deberías pensarte dos veces la idea de tener "sexo de reconciliación", porque a esta altura ya no será sexo de reconciliación.

Estarás tratando de prolongar lo inevitable, y eso no siempre funciona de la manera que esperas o quieres. Si estás a punto de terminar, o ya lo has hecho, entonces eso es un claro indicativo de que tienes problemas de otro tipo que no se resuelven nada más con sexo.

Es necesario arreglar cualquier problema antes de que puedas tener sexo de reconciliación. Ni siquiera es necesaria esta aclaración, ya que de otra manera lo que ocurra al usar el sexo hará que se confundan aún más las cosas.

Así que, ¿cuándo se usa el sexo como medio para recuperar a tu pareja? Bueno, la respuesta a eso es en realidad algo complicada, y la contestaré en pequeñas porciones para que las aguas no se embarren demasiado.

Algo de lo que deberías darte cuenta acerca de usar el sexo de esta manera, ya sea como un arma o como un medio para recuperar a tu ex, es que si eso es lo único por lo que tu pareja vuelve a ti entonces tu relación de pareja siempre tendrá problemas.

El sexo no debe ser nunca la base para una relación. Así que piensa mucho en eso antes de llevar sexo hacia la ecuación, y definitivamente antes de usarlo como un medio para recuperar a tu ex.

Con eso dicho, tal vez es hora de que pasemos a lo que realmente quieres escuchar, ¿verdad? Si usar el sexo o no, y cuándo.

Cuándo usar el sexo

Bueno, para empezar necesitas entender que el sexo, la lujuria, hacer el amor o como sea que lo llames, y sea lo que sea que estés sintiendo cuando estás en medio de la situación, necesita ser tratado con respeto.

De hecho, el sexo es una herramienta muy poderosa, y si es utilizada de manera inapropiada podrías terminar dañando el vínculo que ya existía entre ustedes dos, ya sea que estén juntos o no.

Si todavía no habías progresado hacia ese punto (el de tener sexo) en tu relación, entonces probablemente esto es lo último que deberías tratar de usar de tu arsenal para conseguir que tu ex vuelva contigo.

Esa íntima conexión no existe y tampoco es lo que era antes, así que no es necesariamente una buena idea intentar forzarla en medio de un rompimiento. Si por otra parte, se conocen de manera íntima el uno al otro, y eran tan cercanos entre sí, trata de usar esto como ventaja.

Usa tu conocimiento íntimo sobre tu ex:

- Para hacerle recordar los buenos momentos que solían vivir juntos,
- Para crear un vínculo especial con él/ella, que solamente ustedes tienen,
- Para mostrarle lo que se está perdiendo al no estar a tu lado,
- Para compartir tus problemas con él/ella

Estas son únicamente algunas de las circunstancias en las cuales puedes hacer buen uso del conocimiento íntimo que tienes sobre tu pareja. Recuerda que esto no se trata de sexo de reconciliación. Esto va más hacia el lado del "sexo para recuperar a tu ex." Existe una gran diferencia entre los dos, y harías bien en no olvidarlo.

En las siguientes secciones, he desarrollado las cuestiones que he mencionado anteriormente. Espero que esto aclare cualquier tipo de malentendido que puedas llegar a tener acerca de lo que realmente quiero decir cuando hablo de usar el sexo para ayudarte a recuperar a tu ex pareja.

Recuerda los buenos momentos que solían vivir

Primero lo primero. Ya debes tener una buena idea acerca de lo que le gusta a tu ex en la cama y fuera de ella, y si quieres volver a estar con tu ex, entonces es una buena idea que uses ese conocimiento a tu favor.

Si no te atraen las mismas cosas que a tu ex, y/o te sientes incómodo acerca de ello, entonces realmente deberías pensar en reconsiderar la idea de tratar de entablar una relación nuevamente con él/ella.

Yendo hacia el asunto que nos compete, recordar los buenos momentos que solías vivir no se refiere a aquellas épocas en las que estabas relacionado con varias personas a la vez y actuabas a tu antojo; creo que he cubierto todo lo relacionado con esto en la sección "Recuerda los momentos felices, si existieron."

En este caso, recordar los buenos momentos se refiere a esos buenos momentos durante los cuales tuviste intimidad con tu amante; esos momentos especiales que tuviste, aquellas veces en las cuales te reíste de las cosas más tontas en el peor momento.

Cosas como esa, que únicamente ustedes dos compartieron, y acerca de las cuales sólo tú y tu ex saben. Ese tipo de experiencias compartidas es una gran manera de lograr que tu ex recuerde los buenos momentos y el buen sexo que tenían juntos.

Esa y otras experiencias similares pueden ser usadas para ayudarte a recordarle a tu ex lo que compartían y lo bueno que era estar juntos, aunque es muy posible que de todas maneras las recuerden cada vez que están cerca de ti.

Un rompimiento es algo duro para ambas partes de la pareja, especialmente cuando existía un buen entendimiento mutuo para empezar, y cuando compartían la mayor de las intimidades entre sí, respaldados por la seguridad que se inspiraban mutuamente.

Genera un vínculo especial con tu ex pareja

Seamos honestos. Has llegado a ser íntimo con tu pareja y sabes cosas de él/ella que la mayoría de las personas no saben. Haz compartido momentos y creado recuerdos solamente con él/ella, y nadie más tendrá eso nunca.

Conoces los gustos y aversiones de tu ex en gran medida, y sabes lo que lo/la motiva. Usa ese conocimiento acerca de tu ex para establecer el ambiente adecuado, y para intentar recuperarlo/a sin que sea algo totalmente obvio y evidente.

Incluso algo tan simple como un cruce de miradas cuando aquella canción que sonaba esa vez que hicieron el amor por primera vez empieza a sonar puede evocar una reacción poderosa tanto en ti como en tu ex. Usa este tipo de cosas para tu beneficio.

Muéstrale a tu ex lo que se está perdiendo sin ti

No temas mostrar algo de piel (de manera apropiada, obviamente) o vestirte un poco más sensual que lo habitual cada vez que sabes que vas a encontrarte o estar en contacto cercano con tu ex.

Definitivamente deben de haber ciertas cosas tuyas que a tu ex le gustaban, y si puedes, trata de resaltarlas; nuevamente, sin resultar evidente por supuesto, sino en una manera que esté diseñada para llamar la atención pero de una manera sutil.

Sé bastante abierto acerca de lo seguro que eres de tu cuerpo, y de lo sensual que te sientes; recuerda que todo lo que tu ex tendrá ahora son recuerdos de ti, así que cada vez que te acerques a su entorno asegúrate de dejarlo/a con las ganas de más,

Haz que tu ex comparta sus problemas contigo

Si tenías una relación amorosa con tu ex pareja antes de que las cosas terminaran, existe la posibilidad de que tuvieran una comunicación constante acerca de las cosas que les sucedían cuando todo iba bien o mal en sus vidas.

Si ese era el caso, entonces necesitas hacerle saber (sutilmente) que todavía sigues siendo ese confidente que él/ella tenía, si es que necesita un hombro sobre el cual llorar, o un oído al cual contarle sus problemas.

Y ya que la mayoría de las parejas comparten sus problemas cuando están en la cama juntos, o en alguna situación similar, tu vínculo compartido anteriormente será recordado fuertemente cuando empieces a comunicar tus pensamientos con tu ex en la manera en la que lo hacías antes.

No tengas miedo o vergüenza de ser el primero que vaya a encarar al otro; de hecho eso podría funcionar mucho mejor que el esperar a que él/ella se acerque a ti.

Dile que tienes problemas y que necesitas su ayuda para resolver alguno, o para resolver una crisis personal, y que él/ella es la única persona que sientes que puede ayudarte.

No tengas miedo de aprovechar la situación usando todo lo que tienes (sin embargo recuerda no ser tan evidente) para que puedas expresar y hacer llegar tu mensaje.

8
Aprende a dejar ir

Podría ser doloroso, pero esto es algo que todos tenemos que aprender a hacer en algún momento u otro. Podríamos querer volver con nuestro ex, y hacer todo lo que exista en nuestro poder para hacer de ello una realidad, pero a veces, algunas cosas no están destinadas a suceder.

Ahí es cuando necesitas aprender a dejar ir. Haz intentado hacer todo lo que estaba en tus posibilidades, y no ha funcionado.

Por más doloroso que sea, es hora de seguir adelante. Necesitas seguir con tu propia vida, y permitirle a tu ex seguir con su propia vida también. Prolongar lo que ya ha sido un problema doloroso no hará las cosas más fáciles para ambas partes de la relación. Déjalo ir ahora, y continúa con tu vida.

Si el error fue tuyo y eres el que necesitaba ese "espacio" o incluso terminar con tu pareja y ahora estás arrepentido, no importa. Si ya has hecho todo lo que podías para conseguir que tu ex vuelva a ti y todavía no ha ocurrido, hay una buena posibilidad de que no vaya a ocurrir en lo absoluto.

Al menos has aprendido algo nuevo, y probablemente no dejarás ir tan fácilmente a algo que quieres la próxima vez. O si estuviste del lado del "dejado" y literalmente atravesaste el infierno para intentar revivir a tu relación, para llevarla a lo que alguna vez fue y seguirá siendo algo en potencia pero sin existencia, entonces al menos sabes que intentaste con lo mejor que tenías.

Tú también has aprendido algo invaluable de esta experiencia, y ahora es momento de seguir adelante. Ambos han salido de esto posiblemente más fuertes de lo que han entrado, y han encontrado la fuerza interior como para superar esta situación.

Posiblemente no obtuviste exactamente lo que querías a cambio de este esfuerzo, pero seguramente obtuviste algo.

Usa estas enseñanzas para tu beneficio y ponlas en

práctica en tu próxima relación. Tómalas y haz de tu próxima relación una más fuerte de lo que ha sido la última. ¿Quién sabe?, tal vez esta relación ha sido simplemente una etapa previa a lo que podría llegar a ser el camino a una relación incluso más fuerte.

9

Lo que sucede cuando finalmente vuelves a juntarte con tu ex

Podrías pensar que la respuesta a esta pregunta es obvia, pero la verdad es que no. Muchas parejas cometen el error fatal de incurrir en los mismos errores una y otra vez.

Sin importar qué tan buenas sean tus intenciones, te darás cuenta de que la historia se repetirá así misma y que eventualmente vas a estar en el mismo lugar en donde comenzaste. Esto sucede más veces de lo que podrías imaginar, y es justamente por eso que he incluido esta sección en el libro.

Lo que sucede después de que consigues recuperar a tu

ex no es algo tan obvio como podrías imaginar.

Por un lado, ya que asumimos que fuiste exitoso a la hora de conseguir volver a estar con tu ex (¡recuerda pensar de manera positiva!), entonces al menos debes haber probado una buena cantidad de opciones.

Puedes haber resuelto algún problema que tal vez era la causa directa de tu rompimiento; puedes haber cambiado o mejorado tus maneras de comportarte para poder ser más capaz de enfrentar la relación de acuerdo a tus propios términos; o puedes haber cambiado completamente tu manera de actuar, para poder enfrentar estas cosas de manera frontal.

Si has hecho alguna de estas cosas entonces puedes apostar hasta tu último centavo a que cometerás los mismos errores otra vez, y que muy posiblemente llegarás a la misma encrucijada de la que has salido recientemente.

O te darás cuenta de que esas cosas realmente nunca fueron resueltas, que la relación realmente no avanza hacia ningún lado, y estás atorado intentando mejorar la mala situación.

Si no se han perdonado mutuamente por los errores que hayan cometido; si no aceptan el hecho de que son dos personas totalmente diferentes entre sí y que no son una entidad y que por lo tanto no necesariamente comparten los mismos pensamientos e ideas; y si no aceptan que ambos necesitan trabajar en conjunto para que la relación funcione, entonces van a haber fracasado desde el arranque.

Y realmente lamento haber tenido que decir eso. Pero no puedes ocultar la verdad que hay en lo que dije, así como no puedes ocultar al sol con la palma de tu mano.

Para hacer funcionar cualquier relación por segunda vez necesitas hacer todas esas cosas e ir todavía un poco más allá, porque a esta altura van a conocer los defectos y las faltas de cada uno, y qué decir, tanto para hacer feliz a la otra persona como para lastimarla.

Por naturaleza esta es la definición de una relación, y

1. Hasta que ambos no puedan hacerse responsables por ella,

2. Hasta que ambos no puedan cambiar sus maneras de actuar para hacer que esto funcione,

3. Hasta que ambos no aprendan a perdonarse mutuamente por ser humanos y cometer errores,

4. Y hasta que ambos puedan aprender de los errores pasados, su relación – por segunda vez – nunca será tan satisfactoria como lo fue la primera vez.

En conclusión

Algo que deberías tener presente ya sea que hayas vuelvo con tu ex o no, es que tal y como tú eres una persona individual y tienes tus propias necesidades y deseos, también lo hace la otra persona. Para hacer que una relación funcione ambas partes deben trabajar en ello.

Esto significa compromiso. El compromiso es la piedra angular de cualquier buena relación, y es indispensable para mantenerla viva.

Y hagas lo que hagas, recuerda que no posees a la otra persona. Es un individuo tal y como tú lo eres, y ambos tendrán distintas maneras de actuar. Si tu pareja necesita más espacio que tú, entonces llega a un acuerdo que funcione para ambos.

Esto es algo característico de una buena relación y

probablemente lo único que deberías llevar contigo, ya sea que hayas sido exitoso al recuperar a tu ex o no.

Espero que consigas lo que deseas, que tus sueños se cumplan siempre y que encuentres a tu alma gemela.

Hasta entonces, que la paz sea contigo, siempre.

- De parte de alguien que entiende…

Libro gratis

 Como lo mencioné anteriormente, me gustaría obsequiarte un libro complementario totalmente gratis, en el cual encontrarás la orientación necesaria e ideas prácticas para tratar de componer la maltratada situación amorosa con tu pareja. El mismo contiene muchos ejercicios prácticos para evaluar tu relación, mejorarla y poder así reconciliarte en el menor tiempo posible.

Descárgalo desde Editorialimagen.com – Puedes ingresar al sitio y buscar "Cómo reconciliarte con tu pareja, si todavía crees que vale la pena" o escribir este link en tu navegador:

http://editorialimagen.com/dd-product/como-reconciliarte-con-tu-pareja-si-todavia-crees-que-vale-la-pena/

Estimado Lector

Nos interesan mucho tus comentarios y opiniones sobre esta obra. Por favor ayúdanos comentando sobre este libro. Puedes hacerlo dejando una reseña en la tienda donde lo has adquirido.

Puedes también escribirnos por correo electrónico a la dirección info@editorialimagen.com

Si deseas más libros como éste puedes visitar el sitio de **Editorialimagen.com** para ver los nuevos títulos disponibles y aprovechar los descuentos y precios especiales que publicamos cada semana.

Allí mismo puedes contactarnos directamente si tiene dudas, preguntas o cualquier sugerencia. ¡Esperamos saber de ti!

Más libros de interés

Historias Reales de Amor - Anécdotas verídicas de hechos románticos contemporáneos

Las historias que se exponen a continuación son todas reales. Historias llenas de emoción, pasión, desengaños, reencuentros, y todo lo que te puedas imaginar, y lo que no, en una relación amorosa real.

El amor romántico - Cómo Mantener Encendida la Llama del Amor en Todas sus Etapas.

¿Qué podemos hacer para mantener vivo el romance? Con tantos matrimonios que terminan en divorcio, ¿cómo logramos ser diferentes? ¿Cómo tenemos una relación satisfactoria que dure toda la vida? La autora responde éstas y otras preguntas a fin de edificar una base firme para un amor que soporte la prueba del tiempo.

Cómo Encontrar Pareja en Internet - Y Mantener una Relación Feliz y Duradera.

Relacionarse a través de la red puede parecer la cosa más simple del mundo, pero la realidad indica que no lo es. Debe ser tomado con seriedad si pretendemos obtener buenos resultados.

Divorcio: Cómo salir adelante - Una guía práctica para reconstruir su vida después del divorcio

En este libro encontrarás información valiosa sobre cómo mejorar tu vida después del divorcio.

No hay duda sobre el hecho de que el divorcio puede ser muy difícil, pero uno de los aspectos más difíciles es la reconstrucción de tu vida luego de este hecho.

www.ingramcontent.com/pod-product-compliance
Lightning Source LLC
LaVergne TN
LVHW011711060526
838200LV00051B/2869